JN075370

社会福祉法人・福祉施設経営における

財務管理論
2024–2025

公認会計士 渡部 博 著

社会福祉法人　全国社会福祉協議会

はじめに

　本書は、類書のない社会福祉法人における財務管理の実務書です。

　本書の対象者は、社会福祉法人の経営者および管理者、ならびに社会福祉法人に財務の助言を行う専門家としています。

　本書の特徴は、次の3点です。

1. 財務管理の内容に限定しています。
2. 社会福祉法人制度を前提とした管理会計の理論になっています。
3. 社会福祉法等の一部を改正する法律を反映しています。

　1. は、経理担当者として行うべき日常の仕訳処理を解説するものではありません。あくまで経営者、管理者として知るべき財務管理に関する事項を網羅的に記載し、解説をしています。

　2. では、管理会計の理論を社会福祉法人の財務管理に落とし込むために、(1) 社会福祉法人制度を前提とすること（ただし、持分制度、配当制度、法人税制度の影響を除外）、(2) 社会福祉法人会計基準の用語、社会福祉法の用語に置き換えることのなどの工夫をしています。

　3. は、社会福祉法改正により対応が必要となった事項、(1) 計算書類の機関決定の改定、(2) 内部統制の構築、(3) 社会福祉充実残額の算定と中期予算の策定、を実践するためのノウハウを記載しています。

　貴法人の財務管理、または財務を中心とした経営管理に役立つ一冊です。ぜひご活用ください。

　2024年2月

渡部　博

目　次

社会福祉法人の会計制度

社会福祉法人の会計制度

第 1 節　財務管理の目的

学習のねらい

　計算書類の作成と財務管理は異なる。経営管理者の職能として求められるのは、後者の財務管理である。本書では計算書類の作成にはふれず、財務管理に特化して記載し、財務管理の目的を「計算書類を通じた経営管理」と「説明責任」とに位置づけし、それぞれの目的を理解することをねらいとする。

1　財務管理とは

　財務管理は、会計数値（財務数値）に基づいて経営状態を明らかにし、それに基づいて経営管理を行うことをいう。財務管理は、単に金銭の管理、債権や債務の管理などを意味するのではなく、資金調達と運用、計算書類の作成・開示の管理、財務分析、予算統制等の活動の総称である。

2　社会福祉法人の会計を取り巻く環境

　従来、社会福祉施設の会計は、措置費等公的資金の収支を明確にし、その受託責任を明らかにすることを基本的な目的としていた。したがって、与えられた収入を適正に支出しているか否かがポイントとなるものであった。

　しかし、社会福祉諸制度の見直し、社会福祉基礎構造改革によって、利用者主体の福祉制度への転換が図られ、平成 12 年度からは多くの種類の社会福祉施設が措置制度から利用契約制度へ移行することとなった。利用者が選択し、直接契約する「利用契約制度」へ移行することにより、収入は出来高制となり、社会福祉施設においては、与えられた収入予算を如何に支出するかではなく、コストを適正に把握し効率的な経営を行うことにより、将来に向け安定した基盤を構築していくことが必

要となった。「計算書類を通じた経営管理」の必要性である。

　また、公益性と非営利性が求められる社会福祉法人において、内部留保の水準というものに社会的な関心の高まりがあった。その後議論となった社会福祉法の改正案では、財務の透明性の確保、財務の規律の強化が求められている。財務の透明性の確保とは、役員報酬基準の明確化、関係者への特別な利益供与の禁止、計算書類監査を通じておこなわれるが、さらにこれらを公表することが必要である。「説明責任」の必要性である。

3　2つの会計〜制度会計と管理会計

　通知で定められた一定の会計ルールと様式で計算書類を作成する会計分野を制度会計といい、計算書類あるいはそれ以外の財務値から経営管理において有益な経済的情報を提供する会計分野を管理会計という。制度会計の主たる目的は、ディスクロージャー、すなわち法人の利害関係者に財政状態及び業績を開示することである。利害関係者に開示する情報の質を担保するという意味で、一定の会計ルールと様式が必要になり、それらは通知化されている。他方、管理会計の主たる目的は、経営管理において有益な経済的情報を提供することであり、そのための理論と技術が必要になる。

表 1-1　制度会計と管理会計

会計の分野	制度会計	管理会計
機　　能	計算書類を作成	有益な経済的情報を提供
目　　的	ディスクロージャー	経営管理
必要条件	一定の会計ルールと様式が必要	理論と技術が必要

第 2 節 ｜ 財務に関する通知の体系

学習のねらい

社会福祉法人の財務に関する会計ルールは、

● 計算書類作成に関する通知

● 資金使途等に関する通知

と 2 種類ある。これらのルールを把握し、整理することをねらいとする。

1　計算書類作成に関する通知

　社会福祉法人は計算書類作成にあたり、社会福祉法人会計基準に拠らなければならない。社会福祉法人会計基準は、会計処理に関するルール、計算書類の様式を定めたものであり、すべての社会福祉法人のすべての事業（社会福祉事業、公益事業、収益事業）に適用される。社会福祉法人会計基準は厚生労働省令として発出されているが、その他、日本公認会計士協会から会計処理に関する Q&A、業界団体から経理規程に関するひな形がそれぞれ発出されている。一覧にまとめると表 1-2 のとおりである。

表 1-2　社会福祉法人会計処理に関する基準等　　　　　　　　令和 5 年 11 月 30 日現在

発出者		日　付	基準等
厚生労働省	厚生労働省令　第 79 号	平成 28 年 3 月 31 日	社会福祉法人会計基準
厚生労働省	雇児発 0331 第 15 号、社援発 0331 第 39 号、老発 0331 第 45 号	平成 28 年 3 月 31 日	社会福祉法人会計基準の制定に伴う会計処理等に関する運用上の取扱いについて
	子発 1112 第 1 号、社援発 1112 第 3 号、老発 1112 第 1 号	令和 3 年 11 月 12 日 最終改正	
厚生労働省	雇児総発 0331 第 7 号、社援基発 0331 第 2 号、障障発 0331 第 2 号、老総発 0331 第 4 号	平成 28 年 3 月 31 日	社会福祉法人会計基準の制定に伴う会計処理等に関する運用上の留意事項について
	子総発 1112 第 1 号、社援基発 1112 第 2 号、障障発 1112 第 1 号、老総発 1112 第 1 号	令和 3 年 11 月 12 日 最終改正	
厚生労働省	事務連絡	令和 3 年 3 月 26 日 最終改正	社会福祉法人会計基準の運用上の取扱い等について（Q&A）
日本公認会計士協会		平成 31 年 3 月 27 日 最終改正	社会福祉法人会計基準に関する実務上の Q&A
全国社会福祉法人経営者協議会		平成 29 年 1 月 31 日	社会福祉法人モデル経理規程
全国社会福祉法人経営者協議会		平成 29 年 1 月 31 日	社会福祉法人モデル経理規程細則
厚生労働省	事務連絡	令和 2 年 11 月 30 日	「小規模社会福祉法人向け経理規定例」等の策定について

2　資金使途等に関する通知

　会計処理に関する通知とは別途、施設種類の財源ごと（介護報酬、委託費、措置費、自立支援給付費等）に資金使途、積立資産の種類と限度額等を定めた通知がある。これらは、施設の財源ごとに異なっているため、施設ごとに適用される通知を判断し、理解しなければならない。

　資金使途等とは、使用対象経費、積立資産の種類と限度額、繰入（法人内の他施設への資金拠出）、繰替使用（法人内の他施設への資金貸付）及び繰越金の使用対象と限度額である。一覧にまとめると表1-3のとおりである。

表 1-3　資金使途等に関する通知　　　　　　　　　　　　　　　　　令和 5 年 11 月 30 日現在

発出者	発　　番	日　付	基準等
厚生労働省	社援基発第 0329 号第 1 号・共通	（平成 12 年 2 月 17 日） （平成 29 年 3 月 29 日最終改正）	「社会福祉法人における入札契約等の取扱いについて」
厚生労働省	老発第 188 号・介護 老発 0630 第 1 号	（平成 12 年 3 月 10 日） （平成 26 年 6 月 30 日最終改正）	「特別養護老人ホームにおける繰越金等の取扱い等について」
厚生労働省	障害発第 1018003 号・障害	（平成 18 年 10 月 18 日） （平成 19 年 3 月 30 日最終改正）	「障害者自立支援法の施行に伴う移行時特別積立金等の取扱いについて」
厚生労働省	府子本第 254 号・雇児発 0903 第 6 号	（平成 27 年 9 月 3 日）	子ども・子育て支援法附則第 6 条の規定による私立保育所に対する委託費の経理等について
	府子本第 367 号・子発 0416 第 3 号	（平成 30 年 4 月 16 日最終改正）	
厚生労働省	府子本第 255 号・雇児発 0903 第 1 号	（平成 27 年 9 月 3 日）	「子ども・子育て支援法附則第 6 条の規定による私立保育所に対する委託費の経理等について」の取扱いについて
厚生労働省	府子本第 256 号・雇児発 0903 第 2 号	（平成 27 年 9 月 3 日）	「子ども・子育て支援法附則第 6 条の規定による私立保育所に対する委託費の経理等について」の運用等について
	府子本第 228 号・雇児保発 0406 第 1 号	（平成 29 年 4 月 6 日　最終改正）	
厚生労働省	雇児発第 0312001 号、 社援発第 0312001 号、 老発第 0312001 号・措置	（平成 16 年 3 月 12 日）	「社会福祉法人が経営する社会福祉施設における運営費の運用及び指導について」
	雇児発第 0329 第 5 号、 社援発第 0329 第 47 号、 老発第 0329 第 31 号	（平成 29 年 3 月 29 日最終改正）	
厚生労働省	雇児福発第 0312002 号、 社援基発第 0312002 号、 障障発第 0312002 号、 老計発第 0312002 号・措置	（平成 16 年 3 月 12 日）	「社会福祉法人が経営する社会福祉施設における運営費の運用及び指導について」
	雇児福発第 0329 第 4 号、 社援基発第 0322 第 2 号、 障障発第 0329 第 1 号、 老高発 0329 第 2 号	（平成 29 年 3 月 29 日最終改正）	別紙（問答形式）

第 3 節 | 社会福祉法人の計算書類

学習のねらい

　社会福祉法人が作成する計算書類と会計の区分方法について理解し、あわせて計算書類作成の基礎となる附属明細書及び会計帳簿を把握することをねらいとする。

1　社会福祉法人における計算書類

（1）計算書類の構成

　社会福祉法人会計基準では、資金収支計算書、事業活動計算書、貸借対照表を「計算書類」としている。財産目録は計算書類に含まれず、計算書類の内容を補足する書類として位置づけされた。また、「附属明細書」は計算書類を補足する書類と位置づけされている。

（2）会計の区分と計算書類の構成

　社会福祉法人会計の特徴は会計の区分にある。会計を事業区分、拠点区分及びサービス区分の 3 つに区分する。計算書類のうち事業区分されたものを「○○内訳表」、拠点区分されたものを「事業区分○○内訳表」とし、これらを計算書類としている。サービス区分されたものは「拠点区分○○明細書」とされ、計算書類には含めず附属明細書とされる。以上の会計の区分と計算書類、附属明細書の関係を示したものが表 1-4 である。

（3）会計の区分に関するルール

　会計を事業区分、拠点区分及びサービス区分の 3 つに区分するが、区分に関するルールは下記のとおりである。

①事業区分

　会計基準では、社会福祉法人は計算書類作成に関して、社会福祉事業、公益事業、収益事業の区分（以下、「事業区分」という）を設けなければならないと規定されている。社会福祉事業、公益事業及び収益事業という括りが会計基準における事業区分である。

表 1-4　会計基準省令による計算書類

		資金収支計算書	事業活動計算書	貸借対照表
計算書類	法人全体	第一号第一様式	第二号第一様式	第三号第一様式
		法人単位資金収支計算書	法人単位事業活動計算書	法人単位貸借対照表
	法人全体 （事業区分別）	○◎第一号第二様式	○◎第二号第二様式	○◎第三号第二様式
		資金収支内訳表	事業活動内訳表	貸借対照表内訳表
	事業区分 （拠点区分別）	◎△第一号第三様式	◎△第二号第三様式	◎△第三号第三様式
		事業区分　資金収支内訳表	事業区分　事業活動内訳表	事業区分　貸借対照表内訳表
	拠点区分 （一つの拠点を表示）	第一号第四様式	第二号第四様式	第三号第四様式
		拠点区分資金収支計算書	拠点区分事業活動計算書	拠点区分貸借対照表
附属明細書	サービス区分別 （拠点区分の会計をサービス別に区分表示）	☆別紙 3（⑩）	☆別紙 3（⑪）	
		拠点区分資金収支明細書	拠点区分事業活動明細書	

○　事業区分が社会福祉事業のみの法人は、作成を省略できる。
◎　拠点区分が一つの法人の場合、作成を省略できる。
△　事業区分に一つの拠点区分しか存在しない場合、作成を省略できる。
☆　介護保険サービス及び障害福祉サービスを実施する拠点は、☆別紙 3（⑪）を作成するものとし、☆別紙 3（⑩）の作成を省略することができる。
　子どものための教育・保育給付費、措置費による事業を実施する拠点は、☆別紙 3（⑩）を作成するものとし、☆別紙 3（⑪）の作成を省略することができる。
　上記以外の事業を実施する拠点については、☆別紙 3（⑩）か☆別紙 3（⑪）のいずれか一方の明細書を作成するものとし、残る他方の明細書の作成は省略することができる。

②拠点区分

　会計基準では、社会福祉法人は計算書類作成に関して、実施する事業の会計管理の実態を勘案して会計の区分（以下、「拠点区分」という）を設けなければならないと規定している。

　拠点区分は、原則として、予算管理の単位とし、一体として運営される施設、事業所又は事務所をもって 1 つの拠点区分とする。また、公益事業（社会福祉事業と一体的に実施されているものを除く）若しくは収益事業を実施している場合、これらは別の拠点区分とするものとされ、さらに、下記施設の会計は、それぞれの施設ごと（同一種類の施設を複数経営する場合は、それぞれの施設ごと）に独立した拠点区分とする。

③施設以外の事業に関する拠点区分の考え方

　上記施設の会計以外の社会福祉事業及び公益事業については、原則として、事業所又は事務所を単位に拠点とする、とされる。なお、同一の事業所又は事務所において複数の事業を行う場合は、同一拠点区分として会計を処理することができる。

④障害福祉サービスに関する拠点区分の容認

障害福祉サービスについては、

- 障害者総合支援法に基づく指定障害福祉サービスの事業等の人員、設備及び運営に関する基準（平成 18 年厚生労働省令第 171 号）に規定する一の指定障害福祉サービス事業所若しくは多機能型事業所として取り扱われる複数の事業所、又は
- 障害者総合支援法に基づく指定障害者支援施設等の人員、設備及び運営に関する基準（平成 18 年厚生労働省令第 172 号）に規定する一の指定障害者支援施設等（指定施設基準に規定する指定障害者支援施設等をいう）として取り扱われる複数の施設

においては、同一拠点区分として会計を処理することができる。また、これらの事業所又は施設でない場合があっても、会計が一元的に管理されている複数の事業所又は施設においては、同一拠点区分とすることができる（表 1-5）。

表 1-5　事業と拠点区分の相関図

拠点区分の原則的な方法		
施設	（ア）生活保護法第 38 条第 1 項に定める保護施設	それぞれの施設ごと（同一種類の施設を複数経営する場合は、それぞれの施設ごと）に独立した拠点区分とするものとする。
	（イ）身体障害者福祉法第 5 条第 1 項に定める社会参加支援施設	
	（ウ）老人福祉法第 20 条の 4 に定める養護老人ホーム	
	（エ）老人福祉法第 20 条の 5 に定める特別養護老人ホーム	
	（オ）老人福祉法第 20 条の 6 に定める軽費老人ホーム	
	（カ）老人福祉法第 29 条第 1 項に定める有料老人ホーム	
	（キ）売春防止法第 36 条に定める婦人保護施設	
	（ク）児童福祉法第 7 条第 1 項に定める児童福祉施設	
	（ケ）母子及び寡婦福祉法第 39 条第 1 項に定める母子福祉施設	
	（コ）障害者の日常生活及び社会生活を総合的に支援するための法律第 5 条第 11 項に定める障害者支援施設	
	（サ）介護保険法第 8 条第 28 項に定める介護老人保健施設	
	（シ）医療法第 1 条の 5 に定める病院及び診療所（入所施設に附属する医務室を除く）	
	（ス）当該施設で一体的に実施されている（ア）～（シ）以外の社会福祉事業又は公益事業	当該施設の拠点区分に含めることができる。
事業所事務所	（セ）上記（ア）～（シ）以外の社会福祉事業又は公益事業	事業所又は事務所を単位に拠点とする。（同一の事業所又は事務所において複数の事業を行う場合は、同一拠点区分として、会計を処理することができる）
障害福祉サービス	（ソ）指定基準（※ 1）に規定する一の指定障害福祉サービス事業所	同一拠点区分として会計を処理することができる。また、これらの事業所又は施設でない場合があっても、会計が一元的に管理されている複数の事業所又は施設においては、同一拠点区分とすることができる。
	（タ）指定基準（※ 1）に規定する多機能型事業所として取り扱われる複数の事業所	
	（チ）指定施設基準（※ 2）に規定する一の指定障害者支援施設等として取り扱われる複数の施設	

注）　新たに施設を建設するときは拠点区分を設けることができる。

※ 1　障害者の日常生活及び社会生活を総合的に支援するための法律に基づく指定障害福祉サービスの事業等の人員、設備及び運営に関する基準（平成 18 年厚生労働省令第 171 号）

※ 2　障害者の日常生活及び社会生活を総合的に支援するための法律に基づく指定障害者支援施設等の人員、設備及び運営に関する基準（平成 18 年厚生労働省令第 172 号）

⑤サービス区分

　サービス区分については、拠点区分において実施する複数の事業について、法令等の要請によりそれぞれの事業ごとの事業活動状況又は資金収支状況の把握が必要な場合に設定する。介護保険サービス及び障害福祉サービスについては、「運用上の取扱い　第 3」に規定する指定居宅サービス基準等において当該事業の会計とその他の事業の会計を区分すべきことが定められている事業をサービス区分とし、他の事業については、法人の定款に定める事業ごとに区分する。

　なお、特定の補助金等の使途を明確にするため、更に細分化することもできる。また、特定の場合には複数の事業につきサービス区分に区分せず同一のサービス区分として扱う簡便的な方法も認められている。

⑥本部会計の取り扱い

　本部会計については、法人の自主的な決定により、拠点区分又はサービス区分とすることができる。

2　附属明細書

　計算書類とは別途、会計基準と運用指針において附属明細書の作成が義務付けられている。附属明細書は計算書類を補足する書類として、項目及び様式が定められており、任意で作成する補助簿とは異なる。作成が求められている附属明細書を一覧にまとめたものが表 1-6 である。

表 1-6　附属明細書と会計区分の相関図

		様　式　等	法人全体で作成	拠点区分毎に作成	就労支援拠点区分毎に作成
附属明細書	別紙 3（①）	借入金明細書	○		
	別紙 3（②）	寄附金収益明細書	○		
	別紙 3（③）	補助金事業収益明細書	○		
	別紙 3（④）	事業区分間及び拠点区分間繰入金明細書	○		
	別紙 3（⑤）	事業区分間及び拠点区分間貸付金（借入金）残高明細書	○		
	別紙 3（⑥）	基本金明細書	○		
	別紙 3（⑦）	国庫補助金等特別積立金明細書	○		
	別紙 3（⑧）	基本財産及びその他の固定資産（有形・無形固定資産）の明細書		○	
	別紙 3（⑨）	引当金明細書		○	
	別紙 3（⑩）	拠点区分資金収支明細書		○	
	別紙 3（⑪）	拠点区分事業活動明細書		○	
	別紙 3（⑫）	積立金・積立資産明細書		○	
	別紙 3（⑬）	サービス区分間繰入金明細書		○	
	別紙 4（⑭）	サービス区分間貸付金（借入金）残高明細書		○	
	別紙 3（⑮）	就労支援事業別事業活動明細書			○
	別紙 3（⑮-2）	就労支援事業別事業活動明細書（多機能型事業所等用）			○
	別紙 3（⑯）	就労支援事業製造原価明細書			○
	別紙 3（⑯-2）	就労支援事業製造原価明細書（多機能型事業所等用）			○
	別紙 3（⑰）	就労支援事業販管費明細書			○
	別紙 3（⑰-2）	就労支援事業販管費明細書（多機能型事業所等用）			○
	別紙 3（⑱）	就労支援事業明細書			○
	別紙 3（⑱-2）	就労支援事業明細書（多機能型事業所等用）			○
	別紙 3（⑲）	授産事業費用明細書			○

第４節 ｜ 制度会計管理に関する基礎知識

学習のねらい

　制度会計を法令等に準拠して運営するための基礎的な知識を習得することをねらいとする。

1　会計期間

　社会福祉法人をはじめとして、すべての「法人」には、会計期間が定められている。「法人」の活動は、永続的に行われることが前提とされているが、その財政状態や経営成績を定期的に把握するためには、人為的に区切った会計期間が必要となる。社会福祉法人の会計年度は、４月１日に始まり、翌年３月31日に終わる、と定められている。

2　会計帳簿作成義務

　社会福祉法人は、適時かつ正確な会計帳簿を作成しなければならない。会計帳簿は、主要簿、補助簿、その他の帳簿からなり、会計帳簿は拠点区分ごとに作成し、備え置くことが原則である。

①主要簿

　主要簿は、仕訳日記帳及び総勘定元帳とされる。

②補助簿

　補助簿は、各法人が資産・負債・純資産、収入・支出及び収益・費用の管理並びに計算書類、附属明細書上の開示に留意して、法人が必要に応じて、主要簿の他に設ける書類である。

③その他の帳簿

　主要簿、補助簿のほかに、会計伝票、月次試算表及び予算管理表等が一般的には作成される。

④電磁的記録

　計算書類（社会福祉法第45条の27　第３項）、会計帳簿（社会福祉法人会計基準　第３条　第２項）ともに書面又は電磁的記録での作成が可能とされた。電磁的記録とは、電子的方式、磁気的方式その他、人の知覚によっては認識することのできない方式で作られた記録のこと、とされ、いわゆるコンピュータで処理可能なデジタルデータであ

る。書類での提出にかわり、電磁的記録に記録された事項の電磁的方法による提出も可能となる（法　第34条の2　第2項　第4号　他）。

3　統括会計責任者、会計責任者及び出納職員

会計を管理する組織上の役職として、次のような役職が一般的には任命される。

①統括会計責任者

法人の経理事務に関する統括責任者である。

②会計責任者

各拠点区分の経理事務の責任者である。会計責任者としての業務に支障がない限り、1人の会計責任者が複数の拠点区分の会計責任者を兼務することができる。

③出納職員

各拠点区分の会計責任者に代わって一切の経理事務を行う職員である。出納職員としての業務に支障がない限り、1人の出納職員が複数の拠点区分又はサービス区分の出納職員を兼務することができる。

第 5 節 | 計算関係書類の機関決定とそのスケジュール

学習のねらい

社会福祉法が規定している計算書類の役割を理解することを目的にしている。具体的には、計算関係書類の機関決定とそのスケジュール、そして計算関係書類の閲覧と公表を記載している。

1　社会福祉法の定める機関決定

社会福祉法（以下、「法」とする）は計算関係書類の機関決定の期限を次のように定めている。

❶社会福祉法人は、毎会計年度終了後 3 月以内に、計算書類及び事業報告並びにこれらの附属明細書を作成しなければならない[注1]。

❷計算書類及びその附属明細書につき、監事及び会計監査人の監査を受けなければならない[注2]。

❸事業報告及びその附属明細書につき、監事の監査を受けなければならない[注3]。

❹監査を受けた❷と❸の書類は理事会の承認を受けなければならない[注4]。

❺理事は、監査を受けた❷と❸の書類、監査報告を評議員会に提供しなければならない[注5]。

❻社会福祉法人は、監査を受けた❷と❸の書類、監査報告を定時評議員会の日の 2 週間前の日から 5 年間、主たる事務所に備え置かなければならない[注6]。

❼理事会の承認を受けた❷と❸の書類は定時評議員会の承認を受け又は定時評議員会に報告をしなければならない[注7]。

❽何人も、社会福祉法人の業務時間内は、いつでも、計算書類等の閲覧の請求をすることができる[注8]。

❾社会福祉法人は、毎会計年度終了後 3 月以内に計算書類等を所轄庁に提出しなければならない[注9]。

以上の機関決定の流れは表 1–7 のとおりである。

注1
法　第 45 条の 27　第 2 項

注2
法　第 45 条の 28　第 2 項。会計監査人を設置していない法人は会計監査人を除く。

注3
法　第 45 条の 28　第 1 項

注4
法　第 45 条の 28　第 3 項

注5
法　第 45 条の 29

注6
法　第 45 条の 32

注7
法　第 45 条の 30　第 2 項、法　第 45 条の 31

注8
法　第 45 条の 32　第 4 項

注9
法　第 59 条　第 1 項

表 1-7　計算関係書類の機関決定とそのスケジュール

	手　続　き	期　限　の　定　め	備　考
計算関係書類の機関決定	❶計算書類、附属明細書及び財産目録作成（特定理事）	会計年度終了後 3 月以内	作成／特定監事へ提出
	❷監事監査（特定監事）	次のいずれか遅い日まで。①計算書類の全部を提出した日から 4 週間を経過した日②計算書類の附属明細書を提出した日から 1 週間を経過した日③特定理事及び特定監事の間で合意により定めた日があるときは、その日	特定理事へ監査報告
	❸理事会承認		承認
	❹備置き	理事会の承認後、定時評議員会の 2 週間前の日から 5 年間、その主たる事務所に備え置き（従来は 3 年）	
	❺定時評議員会の招集通知へ添付		
	❻定時評議員会承認	会計年度終了後 3 月以内	承認
	❼閲覧供与		
	❽公表	所轄庁への届け出後、遅滞なく	公表
	❾所轄庁への届け出	会計年度終了後 3 月以内	届け出

2　計算関係書類の閲覧と公表

　計算関係書類の公開制度は、閲覧と公表の二つの制度からなり、閲覧とは、事務所で閲覧に供すること等であり、下記の書類が対象となる[注10]。

注 10
法第 59 条の 2　第 1 項

❶事業報告書

❷財産目録

❸貸借対照表（公表）

❹収支計算書（公表）

❺監事意見を記した書面

❻現況報告書（公表）

❼定款（公表）

❽役員報酬基準（公表）

❾事業計画書

　公表とは、インターネットによる公表であり、上記の閲覧対象書類のうち（公表）と記載された書類が対象となる[注11]。

注 11
法第 59 条の 2　第 2 項

3　監査から公開までの各プロセスにおいて対象となる計算関係書類及び財産目録

　監査、理事会、評議員会、所轄庁への届け出、公開においてそれぞれ必要な決算資料については次のように定められている。

(1) 監事監査及び会計監査人監査の対象

　法第 45 条の 28 第 1 項によると計算書類及び事業報告並びにこれらの附属明細書は監事の監査対象とされている。財産目録については、社会福祉法施行規則（以下、「規則」とする）第 2 条の 40 第 2 項において、法第 45 条の 28 第 1 項の準用をしているので監事監査の対象となる。

　会計監査人監査については、法第 45 条の 19 第 1、2 項において、計算書類及びその附属明細書並びに財産目録が監査対象とされている。監事監査の対象との違いについて留意が必要である。

(2) 理事会承認

　法第 45 条の 28 第 3 項によると、監査を受けた計算書類及び事業報告並びにこれらの附属明細書は理事会の承認が必要とされている。財産目録については、規則第 2 条の 40 第 1 項において、定時評議員会の承認が求められている。また、規則第 2 条の 40 第 2 項において、法第 45 条の 28 第 3 項の準用をしているので理事会における承認対象でもある。会計監査人設置社会福祉法人においても理事会の承認対象は同様である。

(3) 定時評議員会の招集通知

　法第 45 条の 29 によると、理事会の承認を受けた計算書類及び事業報告並びに監査報告（会計監査人設置社会福祉法人の場合には会計監査報告を含む）を定時評議員会の招集通知に添付しなければならない、とされている。理事会での承認範囲と異なり附属明細書が含まれないことに留意が必要である。財産目録については、規則第 2 条の 40 第 2 項において法第 45 条の 29 を準用しているので、定時評議員会の招集通知に添付しなければならない。

(4) 定時評議員会への提出及び承認

　法第 45 条の 30 第 2 項によると計算書類は定時評議員会の承認が必要、とされている。また、法第 45 条の 30 第 3 項によると、事業報告は定時評議員会への報告が必要、とされている。財産目録については、規則第 2 条の 40 第 1 項において定時評議員会の承認を受けることが必要、とされている。

（5）会計監査人設置法人で適正意見の場合の特例

　法第 45 条の 31 によると会計監査人設置法人で適正意見の場合、計算書類は定時評議員の報告が必要、とされている。財産目録については、規則第 2 条の 40 第 2 項において法第 45 条の 31 の準用をしているので定時評議員会の報告が必要、とされている。

（6）備置き

　法第 45 条の 32 第 1 項によると、計算書類及び事業報告並びにこれらの附属明細書並びに監査報告（会計監査人設置社会福祉法人の場合には会計監査報告を含む）は主たる事務所に備え置かなければならない、とされる。財産目録については、法第 45 条の 34 第 1 項において、主たる事務所に備え置かなければならない、とされる。

（7）閲覧

　法第 45 条の 32 第 4 項第 1 号によると、何人も計算書類及び事業報告並びにこれらの附属明細書並びに監査報告（会計監査人設置社会福祉法人の場合には会計監査報告を含む）の閲覧の請求ができる、とされている。財産目録については、法第 45 条の 34 第 3 項第 1 号において、何人も閲覧の請求ができる、とされている。

（8）公表

　法第 59 条の 2 第 1 項第 3 号及び規則第 10 条第 3 項第 1 号によると、計算書類は公表しなければならない、とされ、公表の方法は規則第 10 条第 1 項においてインターネットとされている。

（9）所轄庁への届け出

　法第 59 条第 1 項によると、毎会計年度終了後 3 月以内に、計算書類及び事業報告並びにこれらの附属明細書並びに監査報告（会計監査人設置社会福祉法人の場合には会計監査報告を含む）を所轄庁に届け出なければならない、とされている。財産目録についても、同条において所轄庁に届け出なければならない、とされている。届出の方法については、規則第 9 条において次のいずれかの方法とされている。
❶書面の提供
❷電磁的方法による提供
❸行政機関及び福祉医療機構の情報処理システムへの記録（いわゆる

表 1-8　計算関係書類、財産目録及びその他決算資料の取扱

	計算書類	計算書類に関する附属明細書	財産目録	監査報告	事業報告書	事業報告に関する附属明細書
(1)会計監査人監査	対象	対象	対象			
(2)監事監査	対象	対象	対象		対象	対象
(3)理事会承認	対象	対象	対象	報告	対象	対象
(4)定時評議員会の招集通知	対象		対象	対象	対象	
(5)定時評議員会への提出	対象		対象	対象	対象	
(6)定時評議員会承認	対象（会計監査人設置法人で適正意見の場合は理事会で承認、定時評議員会は報告）		対象（会計監査人設置法人で適正意見の場合は理事会で承認、定時評議員会は報告）	報告	報告	
(7)備置き	対象	対象	対象	対象	対象	対象
(8)閲覧	対象	対象	対象	対象	対象	対象
(9)公表	対象					
(10)所轄庁への届け出	対象	対象	対象	対象	対象	対象

　アップロード）。

　以上の取り扱いをまとめると表 1-8 のとおりである。

第 6 節 ｜ 監査制度

1　監事監査の内容

　監事監査の内容については、会計監査人設置法人（詳細後述）か否かにより、監査対象、監査報告記載内容が異なる。会計監査人設置法人においては、計算関係書類の監査は会計監査人が行い、監事は会計監査人の監査の方法又は結果を相当と認めるか否かを判断することになる。会計監査人非設置法人においては、監事が計算関係書類の適正表示に関する意見を述べることになる。事業報告等の監査については、会計監査人設置法人か否かにかかわらず、監事の行う業務とされる。監査の報告は、計算関係書類の監査、事業報告等の監査に分かれ、表 1-9 のようにまとめられる。

表 1-9　監査対象

	会計監査人　非設置法人	会計監査人設置法人
会計監査人監査報告	計算関係書類監査報告	
	該当なし	規則第 2 条の 30
		会計監査人の監査の方法及びその内容 計算関係書類の適正表示に関する意見 監査意見がないときは、その旨及びその理由 追記情報 会計監査報告を作成した日
監事の計算関係書類の監査報告	規則第 2 条の 27	規則第 2 条の 31
	監事の監査の方法及びその内容 計算関係書類の適正表示に関する意見 監査のため必要な調査ができなかったときは、その旨及びその理由 追記情報 監査報告を作成した日	監事の監査の方法及びその内容 会計監査人の監査の方法又は結果を相当でないと認めたときは、その旨及びその理由 重要な後発事象 会計監査人の職務の遂行が適正に実施されることを確保するための体制に関する事項 監査のため必要な調査ができなかったときは、その旨及びその理由 監査報告を作成した日
監事の事業報告等の監査報告	事業報告及びその附属明細書に係る監査報告	
	規則第 2 条の 36	
	監事の監査の方法及びその内容 事業報告及びその附属明細書が正しく示しているかに関する意見 理事の職務に関して不正の行為、法令定款違反の事実があったときはその事実 監査のため必要な調査ができなかったときは、その旨及びその理由 内部統制の整備に関する理事会決議がある場合において、内容が相当でないと認めるときはその旨及び理由 監査報告を作成した日	

2　監査報告書の通知期限、監査時間の確保

　監事、会計監査人の監査時間の確保と定時評議員総会の事前審議の時間確保の観点から、監査対象書類の受領から監査報告書の通知には期限が定められている。通知期限に関して監査報告の通知をする監事を「特定監事」、通知を受ける理事を「特定理事」と定めることができる。

　計算関係書類監査報告の通知期限をまとめると図1-1に定めたいずれか遅い日までとされている。

　ただし、特定理事、特定監事、会計監査人の合意により定めた日がある場合には、その日とすることができる[注12]。事業報告に関する監査報告の通知期限は図1-1の会計監査人非設置法人の「計算書類」を「事業報告書」と読みかえる[注13]。

注12
規則第 2 条の 28、32、34

注13
規則第 2 条の 37

図 1-1　計算関係書類監査報告の通知期限

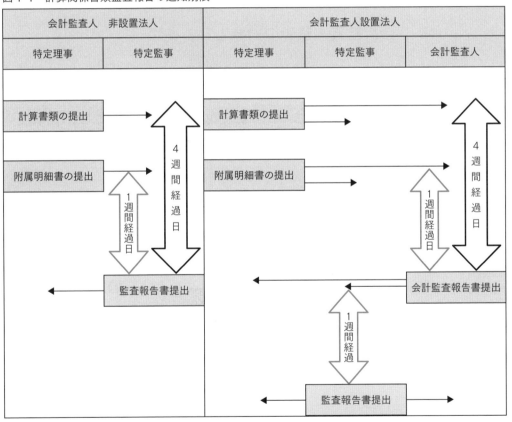

3　会計監査人の役割、資格、任期

　　会計監査人の役割は、社会福祉法人の計算書類及びその附属明細書を監査する[注14]、とされている。あわせて財産目録についても、会計監査人監査の対象としている[注15]。社会福祉法人は、規模に関係なく、定款の定めにより会計監査人を置くことができる任意の機関と定められている[注16]。

　　会計監査人の選任は評議員会の決議によるが[注17]、会計監査人は、公認会計士又は監査法人でなければならない[注18]、とされている。その任期は、選任後1年以内に終了する会計年度のうち最終のものに関する定時評議員会の終結の時までとされ、定時評議員会において、別段の決議がされなかったときは、当該定時評議員会において再任されたものとみなされる[注19]。

注14
法第45条の19　第1項

注15
法第45条の19　第2項

注16
法第36条　第2項

注17
法第43条第1項

注18
法第45条の2

注19
法第45条の3　第2項

4　会計監査人監査の対象となる書類

　　会計監査人の監査対象は、計算書類及びその附属明細書のほか財産目録とされる。社会福祉法人の計算書類は法人単位（第1号）から施設単位（第4号様式）まであるが、規則第2条の30第2項では、「計算関係書類」をつぎのように定義し、監査報告書に記載する監査意見の対象と定めている。

❶法人単位貸借対照表
❷法人単位資金収支計算書
❸法人単位事業活動計算書
❹これらに対応する附属明細書[注20]

　　注記については、法令で明示されていないが計算書類の一体不可分のものと理解されている。まとめると、上記❶から❹のほか、下記❺❻が会計監査人の監査報告の対象である。

❺注記[注21]
❻財産目録

注20
法人単位で作成する附属明細書

注21
法人単位で作成する注記

5　会計監査人設置社会福祉法人と特定社会福祉法人

　　会計監査人設置社会福祉法人とは、会計監査人を置く社会福祉法人又は会計監査人を置かなければならない社会福祉法人と定められてい

る^{（注22）}。特定社会福祉法人は、次のいずれかに該当する法人とされ^{（注23）}、会計監査人を置かなければならない^{（注24）}、とされる。

❶最終会計年度の法人単位の事業活動計算書におけるサービス活動収益が30億円をこえる

❷最終会計年度の法人単位の貸借対照表における負債額が60億円をこえる

注22
法第31条第4項

注23
社会福祉法施行令第13条の3

注24
法第37条

6　指導監査と会計監査人監査

（1）それぞれの監査の目的

　指導監査は、法令又は通知等に定められた、法人として遵守すべき事項について、運営実態の確認を行うことによって、適正な法人運営と社会福祉事業の健全な経営の確保を図ることを目的としている^{（注25）}。一方、会計監査人監査は、監査を通じて計算関係書類の信頼性を確保することが第一に求められているが、結果として組織統治の強化や経営の透明性の向上等の経営力強化に資することが期待されている。それぞれの監査の目的が異なるものの、一定の周期で行う指導監査（以下、「一般監査」としてある）と会計監査人監査の範囲が重複する部分もあり、一般監査の周期について特段の定めがされている。

注25
社会福祉法人指導監査実施要綱1（平成29年4月27日制定）

（2）一般監査の周期についての特段の定め

　一般監査の周期については、下記の要件が満たされる法人については3か年に1回とされている^{（注26）}。

　　ア　法人の運営について、法令通知等に照らし、特に大きな問題が認められないこと

　　イ　法人の経営する施設及び事業について、施設基準、運営費並びに報酬の請求等につき大きな問題が特に認められないこと

　さらに、上記の要件を満たしたうえで、会計監査人監査または任意の公認会計士監査を受審し、適正意見又は除外事項を付した限定付適正意見の監査報告を得ている場合には、一般監査の周期を5か年に1回にすることができる、とされている。

注26
社会福祉法人指導監査実施要綱3（1）（平成29年4月27日制定）

第 7 節　社会福祉充実残額及び社会福祉充実計画

学習のねらい

財務規律の強化を狙いとして導入された「社会福祉充実残額の算定」と「社会福祉充実計画の策定」の概要の理解と、執行部としてどのような対応が必要かの理解をねらいとする。

1　社会福祉充実残額及び社会福祉充実計画の定義

社会福祉充実残額とは、社会福祉法人が保有する財産のうち、事業継続に必要な「控除対象財産」を控除してもなお残額が生じる場合の残額が社会福祉充実残額（以下、「充実残額」とする）である。社会福祉充実計画（以下、「充実計画」とする）とは、充実残額がある場合に社会福祉事業等に計画的に再投資を促すとともに、公益性の高い法人としての説明責任の強化を図るために策定する将来計画である。社会福祉法第 55 条の 2 第 1 項では、「現に行っている社会福祉事業若しくは公益事業（以下、この項及び第 3 項第 1 号において「既存事業」という）の充実又は既存事業以外の社会福祉事業若しくは公益事業（同項第 1 号において「新規事業」という）の実施に関する計画」と定義している。

2　充実計画の承認等に係る事務処理基準

社会福祉法第 55 条の 2 第 1 項に充実計画を提出しなければならない時を定めているほか、法令として充実計画に関する規定を置いている。充実計画の作成に関する具体的な考え方、法令で定めのない詳細については、「社会福祉充実計画の承認等に係る事務処理基準」（平成 29 年 1 月 24 日　厚生労働省　以下、「事務処理基準」とする）が発出されている。

3　充実計画策定から所轄庁への申請までの流れ

事務処理基準では、図 1-2 のような流れが示されている。

図 1-2　社会福祉充実計画の策定の流れ

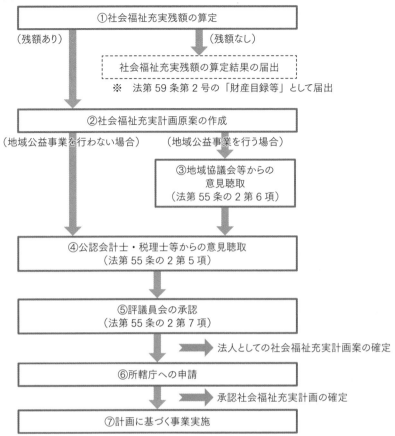

4　充実残額の算定

（1）充実残額算定の基本的な考え方

　次の第 1 号に掲げる額が第 2 号に掲げる額を超える額を充実残額という。

> 1　当該会計年度の前会計年度に係る貸借対照表の資産の部に計上した額から負債の部に計上した額を控除して得た額
> 2　基準日において現に行っている事業を継続するために必要な財産の額として厚生労働省令で定めるところにより算定した額

　第 1 号の額は、いわゆる純資産額である。第 2 号の額が「控除対象財産」とされている。

（2）純資産と活用可能な財産

　法令上は、純資産が控除対象財産を超える額を充実残額としているが、事務処理基準では、充実残額を次のように定義している。

> **充実残額＝活用可能な財産－控除対象財産**

事務処理基準では、活用可能な財産は次の算式で求める、とされる。

> **活用可能な財産＝資産－負債－基本金－国庫補助金等特別積立金**

上記算式でわかるとおり活用可能な財産とは、稼得利益の蓄積である次期繰越活動増減差額とその他の積立金の和であり、いわゆる内部留保である。

（3）控除対象財産

控除対象財産とは、

A：社会福祉法に基づく事業に活用している不動産等

B：再取得に必要な財産

C：必要な運転資金

の 3 種類と定められている。

以上をまとめると、次のとおりである。

> **充実残額＝活用可能な財産－控除対象財産額（A＋B＋C）**
> ●活用可能な財産＝資産－負債－基本金－国庫補助金等特別積立金
> ●控除対象財産は、下記の A～C の 3 種類である。
> 　A：社会福祉法に基づく事業に活用している不動産等
> 　B：再取得に必要な財産
> 　C：必要な運転資金

（4）社会福祉法に基づく事業に活用している不動産等

社会福祉法に基づく事業に活用している不動産等とは、法人が現に実施している社会福祉事業等に、直接または間接的に供与されている財産であって、当該財産がなければ事業の実施に直ちに影響を及ぼしえるもの、とされている。具体的には、固定資産等が該当し、「社会福祉法に基づく事業に活用している不動産等」か否か、勘定科目ごとに事務処理基準に示されている。

（5）再取得に必要な財産

再取得に必要な財産とは、現に事業に活用している建物・設備等と同

等のものを更新するために決算日現在において必要な額である。具体的には、次の３種類からなる。

❶建物の建替費用

❷大規模修繕費に必要な費用

❸設備・車輌等の更新に必要な費用

（6）必要な運転資金

　必要な運転資金とは、最低限の手元流動資金として保持すべき額で、資金収支計算書における「年間事業活動支出」の３か月分とされる。

（7）充実残額算定上の留意点

　充実残額の算定は法人単位で計算され、電子開示システムに組み込まれた「社会福祉充実残額算定シート」を活用し、報告することとされている。「社会福祉充実残額算定シート」は、再取得に必要な財産等が画一的に算定されるシートとなっている。充実残額の計算は法人の資産、負債が計算の基礎となるため、財産目録を「社会福祉充実残額算定シート」とあわせて所轄庁に報告する。

5　充実計画の策定

（1）充実計画の記載内容（様式）

令和○年度～令和○年度　社会福祉法人○○　社会福祉充実計画

<u>1.　基本的事項</u>

法人名		法人番号	
法人代表者氏名			
法人の主たる所在地			
連絡先			
地域住民その他の関係者への意見聴取年月日			
公認会計士、税理士等の意見聴取年月日			
評議員会の承認年月日			

会計年度別の社会福祉充実残額の推移（単位：千円）	残額総額（令和○年度末現在）	1か年度目（令和○年度末現在）	2か年度目（令和○年度末現在）	3か年度目（令和○年度末現在）	4か年度目（令和○年度末現在）	5か年度目（令和○年度末現在）	合計	社会福祉充実事業未充当額
うち社会福祉充実事業費（単位：千円）								
本計画の対象期間								

25

2．事業計画

実施時期	事業名	事業種別	既存・新規の別	事業概要	施設整備の有無	事業費
1 か年度目						
				小計		
2 か年度目						
				小計		
3 か年度目						
				小計		
4 か年度目						
				小計		
5 か年度目						
				小計		
合計						

※欄が不足する場合は適宜追加すること。

3．社会福祉充実残額の使途に関する検討結果

検討順	検討結果
①　社会福祉事業及び公益事業 　　（小規模事業）	
②　地域公益事業	
③　①及び②以外の公益事業	

4．資金計画

事業名	事業費内訳		1 か年度目	2 か年度目	3 か年度目	4 か年度目	5 か年度目	合計
	計画実施期間における事業費合計							
	財源構成	社会福祉充実残額						
		補助金						
		借入金						
		事業収益						
		その他						

※本計画において複数の事業を行う場合は、2．事業計画に記載する事業の種類ごとに「資金計画」を作成すること。

<u>5．事業の詳細</u>

事業名		
主な対象者		
想定される対象者数		
事業の実施地域		
事業の実施時期	令和○年○月○日～令和○年○月○日	
事業内容		
事業の実施 スケジュール	1か年度目	
	2か年度目	
	3か年度目	
	4か年度目	
	5か年度目	
事業費積算 （概算）		
	合計	○○千円（うち社会福祉充実残額充当額○○千円）
地域協議会等の意見と その反映状況		

※本計画において複数の事業を行う場合は、2．事業計画に記載する事業の種類ごとに「事業の詳細」を作成すること。

<u>6．社会福祉充実残額の全額を活用しない又は計画の実施期間が5か年度を超える理由</u>

（2）充実計画の期間

　計画は、原則 5 年間の期間とされている。ただし、充実残額が一定規模以上である場合など、予算消化的な計画を防止する観点から、5 年間で計画を終了することが困難であることにつき合理的な理由がある場合は、最長 10 年とすることができる。

（3）充実計画の資金計画

　充実計画に記載する資金計画は損益予算ではなく収支予算である。したがって、「既存事業」の充実のための固定資産取得、又は「新規事業」の実施に関する固定資産取得は、充実計画の資金計画の対象である。

（4）充実計画の変更または中止

　あらかじめ、所轄庁の承認を受け、充実計画の変更をすることができる。また、軽微な変更については、この限りでないとされ、所轄庁の承認も不要である。さらに、やむを得ない事由により承認社会福祉充実計画に従って事業を行うことが困難であるときは、あらかじめ、所轄庁の承認を受けて、充実計画を終了することもできる。

（5）充実計画のプロセス

　充実計画は、計画案の策定、専門家の意見聴取、評議員会の承認、所轄庁への申請というプロセスを経て確定した承認社会福祉充実計画となり、その後、計画に基づく事業を実施、となる。所轄庁の承認を受けたのち、法人は電子開示システムあるいは法人のホームページにおいて、充実計画の公表をすることとされている。また実績については法人のホームページにおいて公表に努めることとされている。

第8節 社会福祉法人における資金の調達と運用

学習のねらい

　社会福祉法人における資金の調達は5つの方法が考えられる。これらの資金調達方法の特徴を理解し、資金を調達する目的ごとに最適な資金調達方法を判断できる能力を養うことを目的とする。あわせて、資金の運用、資金使途及び積立資産の取扱いについて学ぶ。

1　5つの資金調達方法

　社会福祉法人の資金調達には、

　①外部からの借入

　②寄附の募集

　③各種補助

　④他の事業区分・拠点区分・サービス区分からの資金の繰り入れ

　⑤他の事業区分・拠点区分・サービス区分からの資金の繰替使用

の5つの方法が考えられる。この5つの方法のうち、

　④他の事業区分・拠点区分・サービス区分からの資金の繰り入れ

　⑤他の事業区分・拠点区分・サービス区分からの資金の繰替使用

は、事業区分間・拠点区分間・サービス区分間の資金移動であって、法人全体としての資金に変化はない。法人全体として資金が増加するのは、

　①外部からの借入

　②寄附の募集

　③各種補助

である。5つの資金調達方法のうち、返済する必要がないのは、

　②寄附の募集

　③各種補助

　④他の事業区分・拠点区分・サービス区分からの資金の繰り入れ

である。

　①外部からの借入については借入先に、⑤他の事業区分・拠点区分・サービス区分からの資金の繰替使用については、借入先の事業区分に、それぞれ返済する必要がある。

2　外部からの借入

(1) 外部借入のあらまし

外部からの借入は、当然のことながら、施設整備等の事業を遂行する上で必要がある場合に限られる。

外部借入は、その使途により2つの方法に分類される。

第1の方法は、施設整備などを行う際の法人負担分として長期にわたり借り入れる、

設備資金借入金である。

第2の方法は、施設整備などの特定の目的で行われる借入ではなく、経常的な資金が逼迫したときに行われる、

運営資金借入金である。

1年以内の短期の借入である場合には、会計上、預金が増加し、一方でマイナスの資金である短期運営資金借入金（流動負債）も増加するため、支払資金の増減は生じず、収入処理はされない。したがって、長期運営資金借入金は収入として予算化されるのに対し、短期運営資金借入金は予算化されない、という違いがある。

(2) 融資機関

一般に、融資機関というと金融機関が想定されるが、社会福祉法人が融資を受ける場合には、一般の金融機関より有利な条件で資金の貸付を行っている次の機関がある。

独立行政法人福祉医療機構

各都道府県の社会福祉協議会

これらの機関が行う融資については、貸付対象事業ごとに貸付資金が定められており、利率や償還期間といった貸付条件が定められている。

3　寄附の募集

(1) 社会福祉法人における寄附の募集

一般的に、寄附金の受入というと、

関係者からの寄附の申し込み

バザーの開催

などが想定される。ここでいう寄附の募集とは、寄附者が申し出る寄附を受け入れるということではなく、広く寄附の募集活動を行うことをいう。

4　各種補助

　社会福祉法人の整備事業については、法令または予算の定めるところにより国及び地方公共団体の助成が行われている。行政機関以外には、社会福祉事業の振興を目的とした次のような民間の補助（助成）機関がある。

　公益財団法人 JKA

　公益財団法人日本財団

　公益財団法人中央競馬馬主社会福祉財団

などである。このほか、社会福祉事業に対する助成に関する制度的なものとしては、

　共同募金配分金

　年賀寄附金

などがある。

5　社会福祉法人における資金の運用

　社援発第 0312001 号通知「社会福祉法人が経営する社会福祉施設における運営費の運用及び指導について」（平成 16 年 3 月 12 日）の 5「運営費の管理・運用について」により、運営費の管理・運用は、安全確実かつ換金性の高い方法に限定されている。安全確実と元本保障は意味が異なる。元本保障とは、元本割れの際のペイオフが法律上保障されていることをいう。

　具体的には、預金、貯金、合同運用指定金銭信託（1 年据え置き型を除く）、国債、地方債が元本保障のある運用方法と考えられている。逆に、運営費の管理・運用として認められない金融商品は、利率も高いが元本割れする危険も高い、いわゆるハイリスクハイリターンの金融商品である。具体的には、株式、転換社債、商品取引などである。

　元本保障はないが、いわゆるハイリスクハイリターンの金融商品でもない中間的な金融商品がある。具体的には、中期国債ファンド、MMFなどの投資信託である。運営費の資金運用として、投資信託を選択する場合には十分な注意が必要である。

　本部拠点区分に帰属する基本財産以外の運用財産については、定款の変更を条件に、安全確実かつ換金性の高い方法以外の運用を行うことができるが、運用管理のためのルール及び監視の体制が必要である。

6　施設種類別による資金使途と積立資産

　施設種類の財源ごと（介護報酬、運営費、措置費、自立支援給付費等）に資金使途、積立預金の種類と限度額等を通知が定めている。通知の内容、使用対象施設、要件等について一覧にまとめると表 1-10 のとおりである。

表 1-10　施設種類別の資金使途と積立資産

	弾力運用等	内　容	使用対象施設等	要　件 個　別	要　件 共　通
特別養護老人ホーム（平成 12 年 3 月 10 日）老発第 188 号・介護（平成 26 年 6 月 30 日最終改正）老発 0630 第 1 号　身体障害者更生施設等（平成 18 年 10 月 18 日/平成 19 年 3 月 30 日最終改正）障発第 1018003 号・支援・授産	移行時特別積立預金取崩	当該事業の用に供する施設及び設備の整備並びに用地の取得に要する経費並びに当該事業の運営に要する経費	第一種社会福祉事業、第二種社会福祉事業及び公益事業	理事会承認	
	移行時減価償却特別積立預金取崩				
	資金の運用	原則として制限はないが、次の経費に充当することはできない			
		①収益事業に要する経費			
		②当該社会福祉法人外への資金の流出（貸付を含む）に属する経費			
		③高額な役員報酬など実質的な剰余金の配当と認められる経費			
	資金の繰入れ	（ア）他の社会福祉事業等への繰入については、事業活動資金収支差額に資金残高が生じ、かつ当期資金収支差額合計に資金不足が生じない範囲内において可能			
		（イ）当該法人が行う当該施設以外の同種事業への資金の繰入れについては、当期末支払資金残高に資金不足が生じない範囲内において可能			
	資金の繰替使用	一時繰替使用は可能だが、年度内に補填する必要がある			
措置施設（平成 16 年 3 月 12 日）雇児発第 0312001 号、社援発第 0312001 号、老発第 0312001 号・措置（平成 29 年 3 月 29 日最終改正）雇児発第 0329 第 5 号社援発第 0329 第 47 号、老発第 0329 第 31 号	運営費の積立	人件費積立預金、施設整備積立預金に積立可能	当該施設		適切な法人運営、適切な施設運営、計算書類の閲覧供与、第三者評価又は苦情解決の制度導入、4 つの要件を満たす
	民改費加算額の使用	借入金の償還、利息の支払に充当可能	同一法人の経営する第 1、第 2 種社会福祉事業		
	前期末支払資金残高の使用	①当該施設での取崩使用②本部運営費への繰入③他の社会福祉事業運営への繰入④公益事業運営費への繰入	同一法人の経営する第 1、第 2 種社会福祉事業及び公益事業	当期末支払資金残高は運営費の 30%	
子ども・子育て支援法附則第 6 条の規定による私立保育所に対する委託費の経理等について（平成 27 年 9 月 3 日/平成 30 年 4 月 16 日最終改正）府子本第 254 号・雇児発 0903 第 6 号	委託費の積立	人件費積立預金、修繕積立預金、備品等購入積立預金に積立可能	当該保育所		児童福祉施設最低基準をはじめ 7 つの要件を満たす
	処遇改善等加算・基礎分の使用	借入金の償還、利息の支払、施設整備積立預金に充当可能	他の保育所の借入償還に充当可能	特別保育の実施	
	処遇改善等加算・基礎分の使用（対象施設拡大）	借入金の償還、利息の支払、施設整備積立預金に充当可能	同一法人の経営する第 1、第 2 種社会福祉事業に充当可能	計算書類の閲覧供与、第三者評価又は苦情解決の制度導入	
	委託費の積立（拡大）	人件費積立預金、施設整備積立預金に積立可能	当該保育所	計算書類の閲覧供与、第三者評価又は苦情解決の制度導入	
	前期末支払資金残高の使用	①当該施設での取崩使用②本部運営費への繰入③他の社会福祉事業運営費及び施設整備費への繰入④公益事業運営費への繰入	同一法人の経営する第 1、第 2 種社会福祉事業及び公益事業	当期末支払資金残高は運営費の 30%	

第 2 章

社会福祉法人会計の 構造と基礎概念

社会福祉法人会計の構造と基礎概念

第 1 節 | 計算書類の構造と機能

学習のねらい

計算書類の基本となる 3 表、すなわち資金収支計算書、事業活動計算書及び貸借対照表の構造と機能を理解し、計算書類による経営管理の目的を理解することをねらいとする。

1 資金収支計算書

（1）資金収支計算書の役割

資金収支計算書とは、支払資金の 1 年間の動きを収入と支出に分けて記載した計算書類である。ここでいう支払資金は、運転資金のことであり預金の収支ではない。支払資金は、

$$支払資金 \ = \ 流動資産^{(注1)} \ - \ 流動負債^{(注2)}$$

と定義されているので、資金収支計算書の収入は、

支払資金の増加を伴う取引

となり、一方、資金収支計算書の支出は、

支払資金の減少を伴う取引

となる。資金収支計算書は現金預金の増減を示しているわけではなく、支払資金の増減を示していることに留意が必要である。支払資金とは、運転資金ととらえ、現金預金の残高に近い将来の入金（未収金）と近い将来の支払い（未払金）を加減して把握する、というのが「支払資金＝流動資産－流動負債」の意味するところである。

資金収支計算書の大まかな仕組みは、表2-1のとおりである。

1 年間の支払資金の増加と減少の差額により、1 年間で増加または減少した支払資金を計算し（表2-1のC）、さらに前年度末の支払資金残高（表2-1のD）を足して、当年度末における支払資金の残高がいくらかを示している（表2-1のE）。

当年度末の支払資金の残高は、貸借対照表においても確認できるの

注 1
徴収不能引当金、貯蔵品以外の棚卸資産及び 1 年基準により固定資産から振り替えられたものを除く。

注 2
引当金及び 1 年基準により固定負債から振り替えられたものを除く。

表 2-1　資金収支計算書の仕組み

資金収支計算書

自○年 4 月 1 日　至○年 3 月 31 日

	勘定科目	金　額
収入の部	1 年間の流動資産の増加 又は　流動負債の減少	(A)
支出の部	1 年間の流動負債の増加 又は　流動資産の減少	(B)
1 年間で増加した（減少）した支払資金		(C) ＝ (A)－(B)
前期末の支払資金残高		(D)
当期末の支払資金残高		(E) ＝ (C) ＋ (D)

表 2-2　資金収支計算書と貸借対照表の関係

資金収支計算書

自○年 4 月 1 日　至○年 3 月 31 日

	勘定科目	金　額
収入の部	1 年間の流動資産の増加 又は流動負債の減少	(A)
支出の部	1 年間の流動負債の増加 又は流動資産の減少	(B)
1 年間で増加した（減少）した支払資金		(C) ＝ (A)－(B)
前期末の支払資金残高		(D)
当期末の支払資金残高		(E) ＝ (C) ＋ (D)

貸借対照表

○年 3 月 31 日現在

勘定科目	金　額
流動資産	流動負債
	支払資金
固定資産	

で、資金収支計算書と貸借対照表の関係は表 2-2 のとおりとなる。

（2）資金収支計算書の構造

　会計基準では、資金収支計算書において、収入の部及び支出の部を、

それぞれ、

　　事業活動による収支

　　施設整備等による収支

　　その他の活動による収支

に区分し、その構造は表 2-3 のようになっている。

表 2-3　資金収支計算書

事業活動による収支	
	事業活動収入計（1）
	事業活動支出計（2）
	事業活動資金収支差額（3）＝（1）－（2）
施設整備等による収支	
	施設整備等収入計（4）
	施設整備等支出計（5）
	施設整備等資金収支差額（6）＝（4）－（5）
その他の活動による収支	
	その他の活動収入計（7）
	その他の活動支出計（8）
	その他の活動資金収支差額（9）＝（7）－（8）
予備費支出（10）	
当期資金収支差額合計（11）＝（3）＋（6）＋（9）－（10）	
前期末支払資金残高（12）	
当期末支払資金残高（11）＋（12）	

（3）資金収支計算書の区分の意味するところ

　事業活動による収支は、経常的な事業活動から生じた収入・支出から構成されている。そのため、事業活動による収入・支出の差額である事業活動資金収支差額は、経常的な事業活動から獲得された支払資金の増減額を意味している。

　施設整備等による収支は、設備投資活動から生じた収入・支出から構成されている。そのため、施設整備等による収入・支出の差額である施設整備等資金収支差額は、設備投資活動から生じた支払資金の増減額を意味している。

　その他の活動による収入・支出は、財務活動から生じた収入・支出および事業活動による収支、施設整備等による収支に属さない収入・支出から構成されている。そのため、その他の活動による収入・支出の差額であるその他の活動資金収支差額は、財務活動および事業活動・施設整備等以外の活動から獲得された支払資金の増減額を意味している。

　資金収支計算書の様式は、会計基準において第一号第一様式として示されている（表 2-4）。

（4）資金収支計算書による経営管理

　資金収支計算書では、予算の執行状況と資金構造（CF モデル）を管理する。資金収支計算書が予算対比とされていることからも、資金収支計算書では予算の管理が予定されていることが明らかである。資金構造

表 2-4　法人単位　資金収支計算書（様式）

(自) 令和　年　月　日　(至) 令和　年　月　日

(単位：円)

		勘定科目	予算(A)	決算(B)	差異(A)－(B)	備考
事業活動による収支	収入	介護保険事業収入				
		老人福祉事業収入				
		児童福祉事業収入				
		保育事業収入				
		就労支援事業収入				
		障害福祉サービス等事業収入				
		生活保護事業収入				
		医療事業収入				
		○○事業収入				
		○○収入				
		借入金利息補助金収入				
		経常経費寄附金収入				
		受取利息配当金収入				
		その他の収入				
		流動資産評価益等による資金増加額				
		事業活動収入計(1)				
	支出	人件費支出				
		事業費支出				
		事務費支出				
		就労支援事業支出				
		授産事業支出				
		○○支出				
		利用者負担軽減額				
		支払利息支出				
		その他の支出				
		法人税、住民税及び事業税支出				
		流動資産評価損等による資金減少額				
		事業活動支出計(2)				
		事業活動資金収支差額(3)＝(1)－(2)				
施設整備等による収支	収入	施設整備等補助金収入				
		施設整備等寄附金収入				
		設備資金借入金収入				
		固定資産売却収入				
		その他の施設整備等による収入				
		施設整備等収入計(4)				
	支出	設備資金借入金元金償還支出				
		固定資産取得支出				
		固定資産除却・廃棄支出				
		ファイナンス・リース債務の返済支出				
		その他の施設整備等による支出				
		施設整備等支出計(5)				
		施設整備等資金収支差額(6)＝(4)－(5)				
その他の活動による収支	収入	長期運営資金借入金元金償還寄附金収入				
		長期運営資金借入金収入				
		長期貸付金回収収入				
		投資有価証券売却収入				
		積立資産取崩収入				
		その他の活動による収入				
		その他の活動収入計(7)				
	支出	長期運営資金借入金元金償還支出				
		長期貸付金支出				
		投資有価証券取得支出				
		積立資産支出				
		その他の活動による支出				
		その他の活動支出計(8)				
		その他の活動資金収支差額(9)＝(7)－(8)				
予備費支出(10)			×××　┐ △××××┘	―	×××	
当期資金収支差額合計(11)＝(3)＋(6)＋(9)－(10)						
前期末支払資金残高(12)						
当期末支払資金残高(11)＋(12)						

図 2-1　CF モデル

の管理とは、資金収支計算書が 3 区分の収支を計算していることに着眼し、良い資金構造か悪い資金構造かを把握し管理することである。図 2-1 では、良い資金構造と悪い資金構造の例を記載している。事業活動の収支がプラス、施設整備等の収支、その他の活動による収支がそれぞれマイナスというのが良い資金構造である。すなわち、事業で獲得した資金を施設整備、その他の活動（借入金返済や積立資産の積立）に投入しているという構造である。一方、事業活動の収支、施設整備等の収支がそれぞれマイナス、その他の活動による収支がプラスというのが悪い資金構造である。すなわち、事業と施設整備で不足した資金を、その他の活動（借入や積立資産の取り崩し）で調達しているという構造である。

2　事業活動計算書

(1) 事業活動計算書の役割

　事業活動計算書とは、社会福祉施設における 1 年間の活動の成果を収益と費用に分けて明らかにした計算書類である。1 年間の活動の成果が良好か否かは、純資産[注3]が増えるか減るかにより判断する。すなわち、1 年間の活動の成果が良好であれば、純資産は増え、逆に 1 年間の活動の成果が良好でなければ、純資産は減少する。事業活動計算書と貸借対照表の関係は表 2-5 のようになっている。

注3
純資産とは、貸借対照表の資産総額から負債総額を控除した金額をいう。

表 2-5　事業活動計算書と貸借対照表の関係
事業活動計算書
自○年 4 月 1 日至○年 3 月 31 日

	勘定科目	金　額
収益の部	1 年間の純資産を増加させる取引（※ 1）	(A)
費用の部	1 年間の純資産を減少させる取引（※ 2）	(B)
1 年間で増加した（減少）した純資産		(C) ＝ (A)－(B)
前期末の純資産残高		(D)
当期末の純資産残高		(E) ＝ (C) ＋ (D)

貸借対照表
○年 3 月 31 日現在

資産の部	負債及び純資産の部
流動資産 固定資産	流動負債 固定負債
	純資産（※ 3）

(E)

（※ 1）国庫補助金等特別積立金取崩額を除く．
（※ 2）基本金組入額，国庫補助金等特別積立金積立額を除く．
（※ 3）基本金，国庫補助金等特別積立金，その他の積立金はないものとする．

（2）事業活動計算書の構造

　会計基準では事業活動計算書は収益の部及び費用の部を、それぞれ、
　サービス活動増減の部
　サービス活動外増減の部
　特別増減の部
に区分することとしている。そして、その構造は表 2-6 のようになっている。

（3）事業活動計算書の区分

　会計基準では、事業活動計算書を、「サービス活動増減の部」「サービス活動外増減の部」「特別増減の部」「繰越活動増減差額の部」に区分することとしている。事業活動計算書の様式は、会計基準において第二号第一様式として示されている（表 2-7）。

　サービス活動増減の部は、サービス活動から生じた収益・費用から構成され、サービス活動増減差額はサービス活動から獲得された損益を意味している。

　サービス活動外増減の部は、サービス活動以外の原因による収益及び費用であって経常的に発生するものから構成され、サービス活動外増減差額はサービス活動以外の活動から経常的に生じる損益を意味している。

表 2-6　事業活動計算

サービス活動増減の部		
	サービス活動収益計（1）	
	サービス活動費用計（2）	
	サービス活動増減差額（3）＝（1）－（2）	
サービス活動外増減の部		
	サービス活動外収益計（4）	
	サービス活動外費用計（5）	
	サービス活動外増減差額（6）＝（4）－（5）	
経常増減差額（7）＝（3）＋（6）		
特別増減の部		
	特別収益計（8）	
	特別費用計（9）	
	特別増減差額（10）＝（8）－（9）	
当期活動増減差額（11）＝（7）＋（10）		
繰越活動増減差額の部	前期繰越活動増減差額（12）	
	当期末繰越活動増減差額（13）＝（11）＋（12）	
	基本金取崩額（14）	
	その他の積立金取崩額（15）	
	その他の積立金積立額（16）	
	次期繰越活動増減差額（17）＝（13）＋（14）＋（15）－（16）	

　サービス活動から獲得された損益たるサービス活動増減差額に、サービス活動以外の活動から経常的に生じる損益たるサービス活動外増減差額を加減して経常増減差額が算定され、経常増減差額は法人経営にあたって経常的に獲得される損益を意味している。

　特別増減の部は、臨時的な収益・費用から構成され、特別増減差額は臨時的に発生する損益を意味している。経常増減差額に、臨時的に発生する特別増減差額を加減して算定する当期活動増減差額は、1 年間の事業活動損益を意味している。

　繰越活動増減差額の部では、1 年間の事業活動の結果である当期活動増減差額に前期繰越活動増減差額等を加減して、法人設立から当期末までの累積損益である次期繰越活動増減差額を算定する。

（4）事業活動計算書による経営管理

　事業活動計算書では、経営成績を管理する。事業活動計算書が前年対比とされていることからも、経営成績は前期との比較でおこなわれる。一般に、経営成績モデルは表 2-8 のように示される。

　すなわち、サービス活動収益というサービス提供量を示す財務値と、

表 2-7　法人単位　事業活動計算書（様式）

(自) 令和　年　月　日　(至) 令和　年　月　日

(単位：円)

勘定科目			当年度決算 (A)	前年度決算 (B)	増減 (A) － (B)
サービス活動増減の部	収益	介護保険事業収益			
		老人福祉事業収益			
		児童福祉事業収益			
		保育事業収益			
		就労支援事業収益			
		障害福祉サービス等事業収益			
		生活保護事業収益			
		医療事業収益			
		○○事業収益			
		○○収益			
		経常経費寄附金収益			
		その他の収益			
		サービス活動収益計(1)			
	費用	人件費			
		事業費			
		事務費			
		就労支援事業費用			
		授産事業費用			
		○○費用			
		利用者負担軽減額			
		減価償却費			
		国庫補助金等特別積立金取崩額	△×××	△×××	
		徴収不能額			
		徴収不能引当金繰入			
		その他の費用			
		サービス活動費用計(2)			
	サービス活動増減差額(3)=(1)－(2)				
サービス活動外増減の部	収益	借入金利息補助金収益			
		受取利息配当金収益			
		有価証券評価益			
		有価証券売却益			
		投資有価証券評価益			
		投資有価証券売却益			
		その他のサービス活動外収益			
		サービス活動外収益計(4)			
	費用	支払利息			
		有価証券評価損			
		有価証券売却損			
		投資有価証券評価損			
		投資有価証券売却損			
		その他のサービス活動外費用			
		サービス活動外費用計(5)			
	サービス活動外増減差額(6)=(4)－(5)				
経常増減差額(7)=(3)＋(6)					
特別増減の部	収益	施設整備等補助金収益			
		施設整備等寄附金収益			
		長期運営資金借入金元金償還寄附金収益			
		固定資産受贈額			
		固定資産売却益			
		その他の特別収益			
		特別収益計(8)			
	費用	基本金組入額			
		資産評価損			
		固定資産売却損・処分損			
		国庫補助金等特別積立金取崩額 (除却等)	△×××	△×××	
		国庫補助金等特別積立金積立額			
		災害損失			
		その他の特別損失			
		特別費用計(9)			
	特別増減差額(10)=(8)－(9)				
当期活動増減差額(11)=(7)＋(10)					
繰越活動増減差額の部	前期繰越活動増減差額(12)				
	当期末繰越活動増減差額(13)=(11)＋(12)				
	基本金取崩額(14)				
	その他の積立金取崩額(15)				
	その他の積立金積立額(16)				
	次期繰越活動増減差額(17)=(13)＋(14)＋(15)－(16)				

表 2-8　経営成績モデル

	増　　加	減　　少
サ ー ビ ス 活 動 収 益	増　　収	減　　収
当 期 活 動 増 減 差 額	増　　益	減　　益

経営の効率性の成果である当期活動増減差額が前期に比べ、それぞれ増加したか、減少したかという把握の仕方である。指標2×増減2で4つの経営成績モデルである。例えば、サービス活動収益が増加し、当期活動増減差額も増加という増収増益モデル、サービス活動収益が減収したにもかかわらず当期活動増減差額が増加という減収増益モデル（リストラモデル）等である。

3　貸借対照表

（1）貸借対照表の役割

　貸借対照表は、社会福祉施設の会計期間末日現在の財政状態を表す。これには、会計期間末日現在の資産、負債及び純資産の金額がすべて記載されており、複数の会計期間の貸借対照表を並列的に分析することにより、各項目の増加もしくは減少を把握し、財政状態の変化の内容を分析することができる。会計基準では、貸借対照表は当期末と前期末を比較するスタイルになっており、また、その増減欄があるため、分析するのに相応しい形である。

（2）貸借対照表の構造

　会計基準では、貸借対照表を、「資産の部」「負債の部」「純資産の部」に区分することとしている。貸借対照表の様式は、会計基準において第三号第一様式として示されている。貸借対照表は前述の資金収支計算書、事業活動計算書と有機的な関連があり、図示すると表 2-9 のとおりである。以下、各区分の具体的な内容を説明していく。

　①資産の部

　　借方には、「資産」が計上される。社会福祉法人は、事業の運営に必要な土地、建物、現預金等を所有しており、これらのうち金額で表示することができるものを「資産」という。この資産は流動資産と固定資産の2つに分類される。

　②負債の部

　　貸方には、「負債」が計上される。社会福祉法人は、借入金や未払金など、将来、金銭を支払い、あるいはものを引き渡さなければなら

表 2-9　資金収支計算書、貸借対照表及び事業活動計算書の相関図

資金収支計算書

収入の部	××
支出の部	××
当期資金収支差額	××
前期末支払資金残高	××
当期末支払資金残高	××

‥‥‥‥‥‥‥‥‥‥‥‥‥‥‥▶（ア）同額‥‥‥‥‥‥‥‥‥‥‥‥‥‥‥‥

法 人 単 位　貸 借 対 照 表
令 和　年　月　日現在

(単位：円)

資　産　の　部	当年度末	前年度末	増減	負　債　の　部	当年度末	前年度末	増減
流動資産				流動負債			
現金預金				短期運営資金借入金			
有価証券				事業未払金			
事業未収金				その他の未払金			
未収金				支払手形			
未収補助金				役員等短期借入金			
未収収益				１年以内返済予定設備資金借入金			
受取手形				１年以内返済予定長期運営資金借入金			
貯蔵品				１年以内返済予定リース債務			
医薬品				１年以内返済予定役員等長期借入金			
診療・療養費等材料				１年以内支払予定長期未払金			
給食用材料				未払費用			
商品・製品				預り金			
仕掛品				職員預り金			
原材料				前受金			
立替金				前受収益			
前払金				仮受金			
前払費用				賞与引当金			
１年以内回収予定長期貸付金				その他の流動負債			
短期貸付金							
仮払金							
その他の流動資産							
徴収不能引当金							
固定資産				固定負債			
基本財産				設備資金借入金			
土地				長期運営資金借入金			
建物				リース債務			
定期預金				役員等長期借入金			
投資有価証券				退職給付引当金			
				長期未払金			
その他の固定資産				長期預り金			
土地				その他の固定負債			
建物							
構築物							
機械及び装置				負債の部合計			
車輌運搬具				純　資　産　の　部			
器具及び備品				基本金			
建設仮勘定				国庫補助金等特別積立金			
有形リース資産				その他の積立金			
権利				○○積立金			
ソフトウェア				次期繰越活動増減差額			
無形リース資産				（うち当期活動増減差額）			
投資有価証券							
長期貸付金							
退職給付引当資産							
長期預り金積立資産							
○○積立資産							
差入保証金							
長期前払費用							
その他の固定資産							
				純資産の部合計			
資産の部合計				負債及び純資産の部合計			

（ウ）同額

事業活動計算書

収益の部	××
費用の部	××
当期活動増減差額	××
前期繰越活動増減差額	××
次期繰越活動増減差額	××

‥‥‥‥‥‥‥‥‥‥‥‥‥‥‥▶（イ）同額‥‥‥‥‥‥‥‥‥‥‥‥‥‥

ない債務を負担する場合がある。これらの債務を「負債」という。負債は、さらに流動負債と固定負債の 2 つに分類される。

③純資産の部

貸方には、「負債」のほかに、「純資産」が計上される。

この純資産は次の算式で計算することができる。

$$純資産　=　資産　-　負債$$

「純資産」はさらに基本金、国庫補助金等特別積立金、その他の積立金、次期繰越活動増減差額の 4 つに分類される。

(3) 貸借対照表による経営管理

貸借対照表は財政状態を示すものとされ、財政状態とは事業継続を支える財務基盤があるか否かということを示している。事業継続を支える財務基盤、財政状態は純資産の部で表示され、表 2-10 のように 3 つに分類できる。

はじめに、次期繰越活動増減差額という経営成果である黒字の累積値がプラスで、純資産全体もプラスの「正常」という状態である。次に、次期繰越活動増減差額がマイナスであるが、基本金、国庫補助金等特別積立金が次期繰越活動増減差額のマイナスを上回っているため、純資産全体がプラスの「欠損法人」という状態である。この状態は、次期繰越活動増減差額のマイナスが基本金、国庫補助金等特別積立金を上回った時に、純資産全体がマイナスとなるためいわば黄信号のような状態である。最後に、次期繰越活動増減差額がマイナス、純資産もマイナスという「債務超過」の状態である。債務超過は、事業継続を支える財務基盤がないということを示している。

表 2-10　純資産の部 3 分類

	純　資　産	次 期 繰 越 活 動 増 減 差 額
正　　　常	プラス	プラス
欠　損　法　人	プラス	マイナス
債　務　超　過	マイナス	マイナス

第2節 社会福祉法人会計の基礎概念

学習のねらい

　計算書類による経営管理を目的にした場合、計算書類の理解と把握は必要不可欠である。社会福祉法人会計の理解の前提となる基礎概念、減価償却、国庫補助金等特別積立金、引当金、積立金及び基本金の意義を理解することをねらいとする。

1　減価償却

(1) 減価償却の意義

　土地、書画骨とう等を除き、固定資産は時の経過あるいは利用により徐々にその価値が減少する。この価値の減少を「減価償却」という。社会福祉法人において減価償却を行う意義は2つある。第1の意義は、固定資産の適正な価値を貸借対照表で示すということである。固定資産は時の経過あるいは利用により徐々にその価値が減少するので、固定資産の価額を減少後の額に修正する必要がある。

　第2の意義は、固定資産の価値の減少を事業活動計算書で示すことである。

　毎年、減価償却した額は、

　減価償却費

として事業の用に供される期間にわたり、事業活動計算書に費用として計上される。

(2) 減価償却の方法

　減価償却の対象となる資産は、時の経過または利用により価値が減少する固定資産である。具体的には、建物、構築物、機械及び装置、車輌運搬具、器具及び備品、ソフトウエア等で、このような資産を

　減価償却資産

という。減価償却の計算方法は、原則として

　定額法

によるとされているが、これによりがたい場合には定率法によることができる。

　減価償却を計算するための要素は、次の3つである。

取得価額

耐用年数

残存価額

　耐用年数とは、減価償却資産が利用可能な期間のことである。耐用年数を個々の資産ごとに客観的に見積もることは困難な場合が多いので、資産の種類、構造、用途により一律の耐用年数を定めた、

減価償却資産の耐用年数等に関する省令（以下、「大蔵省令」と略）

を利用することができる、とされている。

　残存価額とは、減価償却が終わった後のスクラップ価額である。この残存価額も耐用年数と同様に個々に見積もることは困難なので、有形減価償却資産は取得価額の 10％（但し、生物等の例外あり）、無形減価償却資産はゼロとされている。しかし、平成 19 年 4 月 1 日以降に取得した有形減価償却資産については、残存価額をゼロとして計算する。

　定額法による減価償却費の計算は、次の算式により計算する。

> **当該会計年度の減価償却費＝（取得価額－残存価額)/耐用年数×使用した当該会計年度の月数／12 か月**

　定額法の減価償却の意義を図 2-2 を用いて説明すると、縦軸の点線の矢印【取得価額－残存価額】を分子に、横軸の耐用年数を分母にして、減価償却費（縦の実線の矢印の金額）を計算する。

　設例：取得価額が 100 万円

　　　　耐用年数が 5 年

　　　　残存価額がゼロ（平成 19 年 4 月 1 日以降に取得した有形減価

図 2-2　耐用年数と帳簿価額の相関図（定額法）

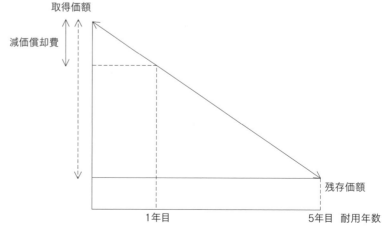

償却資産については、残存価額をゼロとして計算することが
できる）

　上記の設例における器具及び備品を 4 月 1 日に購入し、12 か月使用し
た場合の決算日（3 月 31 日）における減価償却費は、

> 20 万円＝（100 万円－0)/5 年×12 か月/12 か月　となる。

2　国庫補助金等特別積立金

（1）国庫補助金等特別積立金の意義

　施設及び設備の整備のために国又は地方公共団体等から受領した補助
金、助成金及び交付金等（以下、「国庫補助金等」という）は、人件費
等の費用に充てられることなく貸借対照表の純資産の部に社会福祉法人
が維持すべき金額として計上することが求められている。

（2）国庫補助金等特別積立金の対象となる補助金

　国庫補助金等特別積立金とは、施設及び設備の整備のために国又は地
方公共団体等から受領した補助金、助成金及び交付金等（以下、「国庫
補助金等」という）をいう。

（3）国庫補助金等特別積立金の積立て

❶基本金と国庫補助金等特別積立金

　会計基準において純資産は基本金、国庫補助金等特別積立金、その
他の積立金及び次期繰越活動増減差額の 4 つに区分される。これら 4
つの区分を源泉別に分類すると、事業の対価としてではなく、施設の
経営基盤を整備するために無償で受け入れた社会福祉事業を行うため
に維持しなければならない純資産（基本金、国庫補助金等特別積立
金）と事業活動の結果生まれた余裕額（その他の積立金、次期繰越活
動増減差額）に区分できる。

❷国庫補助金等特別積立金の積立

　国庫補助金等特別積立金の対象となる補助金等を受け入れた際に
は、その収益額を、
事業活動計算書の特別増減の部の収益に施設整備等補助金収益とし
て計上し、
同額を事業活動計算書の特別増減の部の費用に国庫補助金等特別積
立金積立額として計上する。
　国庫補助金等特別積立金の積立を行った際の計算書類の位置づけは図
2-3 のようになる。

図 2-3　国庫補助金等特別積立金の積立を行った場合の計算書類

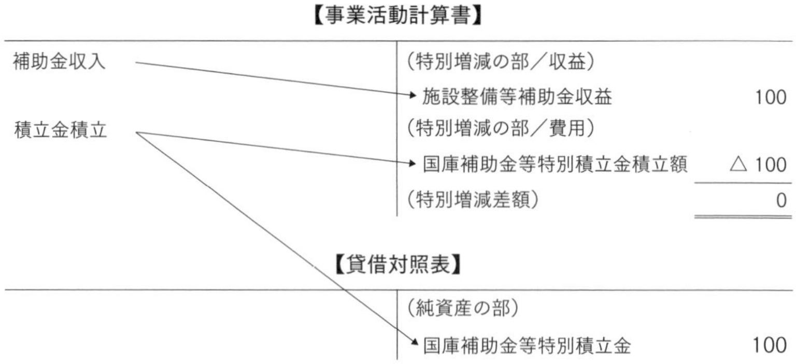

【事業活動計算書】

補助金収入	（特別増減の部／収益）	
	施設整備等補助金収益	100
積立金積立	（特別増減の部／費用）	
	国庫補助金等特別積立金積立額	△ 100
	（特別増減差額）	0

【貸借対照表】

	（純資産の部）	
	国庫補助金等特別積立金	100

（4）国庫補助金等特別積立金の取崩し

❶国庫補助金等特別積立金を取崩す意味

　施設整備時に基本財産等を取得するために受け入れた国庫補助金等は、受け入れ時に事業活動計算書を経由して貸借対照表の純資産の部の国庫補助金等特別積立金に計上される。

　国庫補助金等によって取得された資産は、利用または時の経過により、毎年、減価償却によって減価していく。国庫補助金等の目的は、社会福祉法人の施設整備時の負担を軽減することにより、結果として施設利用者の負担を軽減することにある。したがって、国庫補助金等の対象となった資産を利用することによるコストが、減価償却費という形で事業活動計算書に計上される金額に応じて、国庫補助金等特別積立金を取崩し、事業活動計算書の収益に計上してコスト負担を軽減する必要がある。

❷国庫補助金等特別積立金を取崩す事象

　国庫補助金等特別積立金を取崩す事象は 2 つある。

　第 1 の事象は、国庫補助金等の対象となった資産の減価償却時である。

　第 2 の事象は、国庫補助金等の対象となった資産が、その役割を終え廃棄または売却された時である。基本金の組入れと違い、国庫補助金等特別積立金の積立は、施設の更新という意味の老朽改築の際にも行われる。したがって、老朽改築にともない旧建物等の資産を廃棄する場合には国庫補助金等特別積立金が取崩される。

❸国庫補助金等特別積立金の取崩額

　減価償却にともない国庫補助金等特別積立金をいくら取崩すかについては「社会福祉法人会計基準の運用上の取り扱い」9 において、「国

庫補助金等により取得した資産の減価償却費等により事業費用として費用配分される額の国庫補助金等の当該資産の取得原価に対する割合に相当する額」を取崩す、とされている。仮に、200 の基本財産を取得し、150（取得価額の 4 分の 3）の国庫補助金等が投入され、耐用年数を 5 年、資産の残存価額をゼロとすると、1 年目の減価償却費は、

$$（200－0）/5\ 年 × 12\ か月/12\ か月 = 40$$

である。国庫補助金等特別積立金の取崩額は、

$$40（減価償却費）÷ 200（取得価額）× 150（補助金総額）= 30$$

である。あるいは、

$$（150〔補助金総額〕－0）/5\ 年 × 12\ か月/12\ か月 = 30$$

と計算しても結果は同じである。

❹減価償却にともなう国庫補助金等特別積立金取崩しの会計処理

　固定資産の減価償却にともない、国庫補助金等特別積立金を取崩す場合には、事業活動計算書・サービス活動増減の部の費用の国庫補助金等特別積立金取崩額（マイナス表示）を経由して行う。取崩しを計算書類に表示すると図 2-4 のようになり、補助金を受けて取得した固定資産の減価償却費負担は正味 10 であることが会計として表示される。

図 2-4　国庫補助金等特別積立金の取崩しを行った場合の計算書類

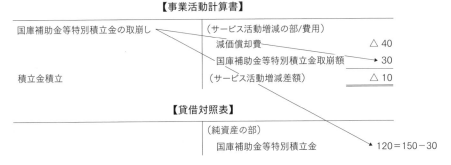

3　引当金

(1) 引当金の種類

　会計基準では、下記の引当金が想定されている。

　　　　徴収不能引当金

　　　　退職給付引当金

　　　　賞与引当金

　　　　役員退職慰労引当金

　これらの引当金は、資産の間接的な評価減として行われる引当金（評価性引当金）と将来において支払可能性の高い事象が存在した場合に負債に計上される引当金（負債性引当金）のいずれかに分類される。

　徴収不能引当金は評価性引当金に、退職給付引当金、賞与引当金及び役員退職慰労引当金は負債性引当金に分類される。

（2）引当金を計上する意味

❶正しい事業活動の成果の計算

　事業活動計算においては、「収益」と「その収益を得るために要したコスト」を対比して、1 会計年度における正しい事業活動の成果（当期活動増減差額）を表すことになる。したがって、支払資金の支出が実際に行われたか否かにかかわらず、収益に対応するコストが発生している場合には、それを正しく見積もって計上する必要がある。

　たとえば、職員の退職金を例に考えてみよう。退職金は退職時に全額を支払う、退職金の発生原因は職員の在職期間にわたり徐々に発生する。仮に、在職期間 1 年に対し「1」ずつ退職金の要支給額が発生するとしよう。職員が 5 年勤務後に退職した場合、5 年目に「5」の退職金を支払わなければならない。退職金を支払う義務は、5 年目に一括して「5」が発生するわけではなく、毎年「1」ずつ発生し、5 年目に退職金の支払額が累積で「5」になる。前述したように、1 年間の事業活動の成果を正しく計算するためには、支払ったか否かにかかわらずコストを発生に応じて計上する必要がある。

❷引当金と未払金の違い

　毎年「1」ずつ発生する退職金の支払義務を、負債の部に未払金として計上することも考えられるが、退職金は退職時点で債務として確定することから、その前に未払金計上することはできない。未確定の債務を見積もって負債に計上する方法が「引当金」である。すなわち、未払金のように支払義務が確定しているわけではないが、毎年潜在的な負債（あるいは資産の評価減）が発生しているので、これを貸借対照表の負債の部（あるいは資産の控除項目として資産の部）に引当金として計上する。

❸事業活動計算からみた引当金の意味

　引当金を計上すると負債が増加し、純資産が減少する。純資産の減少は、事業活動計算書に費用として計上される。この退職給付費用が事業活動計算書に費用として計上されることになる。

4　積立金

（1）積立金の性格

　積立金は、将来の支出に備えて、理事会の決議に基づき積み立てる積立金である。これは、その他の積立金として積み立ての目的を明らかにした名称を付して繰越活動増減差額から積み立てる。積み立ては、事業活動計算書の繰越活動増減差額の部において行う。また、貸借対照表では、純資産の部で「その他の積立金」として表示される。

（2）積立金の計上は法人の判断

　引当金は、

　将来の特定の費用または損失のうち、

　当会計年度負担分を費用として事業活動計算書に計上し、

　累積額を貸借対照表に負債（または資産の控除項目）として計上する

ものであり、引当金は、法人の意思にかかわらず、発生額を必ず計上しなければならない。

　一方、積立金は、繰越金の一部を留保するものであるから、計上するかしないかの判断は法人の任意である。

（3）積立金と積立資産

　繰越金の一部を留保する目的の積立金は、積立金と同額の預金等の資産を積立てることが必要とされる。それに対して、引当金は繰越金の有無にかかわらず負債に計上しなければならず、必ずしも引当金に相当する現金預金等を積立てる必要はない。

（4）事業計画の裏付け

　積立金は、将来の支出に備えて行うものであるが、将来の支出の予測があって積立金の額が正当化される。将来の支出の予測は、将来の事業計画があってはじめて将来の支出の予測が可能となるのであるから、中長期事業計画、中長期予算というものが機関決定されてはじめて積立金の額と目的について理事会の審議が可能となる。

5　基本金

(1) 純資産維持の必要性

　純資産とは、図2-5に示すように、貸借対照表の資産と負債の差額である。

　資産あるいは負債に対する純資産の割合が大きければ大きいほど、社会福祉法人の財産の状態は健康であるということができる。逆に、純資産が小さくなると財産の状態は健康でないということになる。極端な場合は負債が資産を上回る状態になることがあるが、これを「債務超過」という。債務超過の状態に至らなくても、純資産が極端に小さくなるとそれに伴い法人の経営が困難になる。したがって、法人は一定規模の純資産を維持しなければならない。会計基準に定められている基本金と国庫補助金等特別積立金は、社会福祉法人が純資産として維持すべき最低基準額である。純資産と事業活動計算書に計上される収益と費用との関係は、図2-6のとおりである。

　図に示すように、純資産は収益が発生すると増加し、費用が発生すると減少する。

　通常の収益とは、介護保険事業収益や老人福祉事業収益など、事業活動の対価として受け入れる収益である。費用とは、事業活動の対価を得るために（事業活動によりサービスを提供するために）費消される、人

図2-5　貸借対照表

| 資　　　　　産 | 負　　　　債 |
| | 純　資　産 |

図2-6　純資産と収益費用の関係

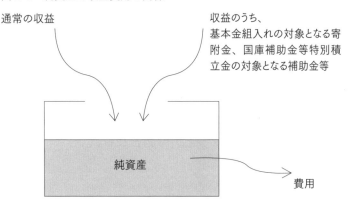

件費、事業費、事務費等である。減価償却費も費用に含まれる。

　社会福祉法人は、財産の状態を健康に維持し健全な事業基盤を維持していくために、通常の収益と費用のバランスを維持していく必要がある。社会福祉法人の収益の中には、基本金組入れの対象となる寄附金や国庫補助金等特別積立金の対象となる補助金等があるが、これらは、経営基盤の構築や強化のために、基本財産やそれに準ずる資産の購入支出に充当するために社会福祉法人に提供されるものである。したがって、会計基準では、これらの収益は費用に充当せずに純資産として維持することが求められている。

（2）基本財産と基本金

　基本財産の価額は、貸借対照表の資産の部に計上されているが、この価額が基本金の金額に必ずしも一致するわけではない。基本金の金額は、基本財産という経営基盤の整備を目的として受け入れた寄附金の額であって、その中に基本財産たる資産の取得価額の一部が含まれている。

（3）基本金組入れの会計処理

　第1号基本金から第3号基本金に係る寄附金を受け入れたときには、
事業活動計算書における「特別増減の部」の収益に「施設整備等寄附金収益」または「設備資金借入金元金償還寄附金収益」として計上し、
同額を事業活動計算書の「特別増減の部」の費用に「基本金組入額」として計上する。

　これらの会計処理の計算書類の位置づけは図2-7のとおりである。

図2-7　基本金にかかる寄附金を受領した場合の計算書類

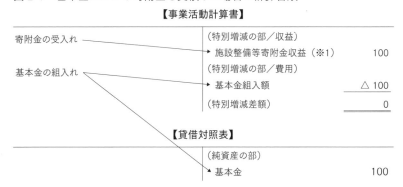

【事業活動計算書】

寄附金の受入れ	（特別増減の部／収益）	
	► 施設整備等寄附金収益（※1）	100
	（特別増減の部／費用）	
基本金の組入れ	► 基本金組入額	△ 100
	（特別増減差額）	0

【貸借対照表】

	（純資産の部）	
	► 基本金	100

（※1）第2号基本金に係る寄附の場合には「設備資金借入金元金償還寄附金収益」と表示

第3章

内部統制の構築

内部統制の構築

内部統制の基礎知識

> **学習のねらい**
>
> 　内部統制とは、法人の事業目的を達成するために、法人内部に構築され、法人を構成する全ての者によって運用されるしくみのことである。内部統制は、組織において不祥事故に対する自浄機能や予防機能を設けることを目的とする。内部統制の目的と構成要素を理解することをねらいとする。

1　内部統制の意義

　内部統制とは、法人の目的を達成するために、法人内部に構築され、法人を構成する者全てによって運用される仕組みである。また、法令では、内部統制を「業務の適正を確保するための体制」と表現される。

2　内部統制の必要性

　社会福祉法人の経営者は、所定の品質以上の社会福祉サービスを継続的に提供するために、施設設備を設け職員を雇用し、法令を遵守して効果的かつ効率的に運用し、社会的な信頼を得て、法人全般および個々の施設の経営を行う義務がある。

　また、経営の結果は定期的に、また必要があるつど、利害関係者（施設の利用者〔利用希望者〕、その家族、地域住民、取引先・債務者、国・地方の行政機関、法人の職員等）に開示し説明する義務を負っている。

　内部統制は、これを確実にするための法人の組織体制およびその運用を言う。内部統制は、法人の理事長をはじめ、理事・職員がそれぞれ個々の役割を認識し責任を果たすことによって、達成される。会計実務においても内部統制は、極めて重要である。

3　内部統制の目的

　内部統制を構築する目的は次の４つに集約される。

目　的	内　容
業務の有効性及び効率性	日常の業務が、事業活動の目的を達成するために有効的にかつ効率的な仕組みで行われていること。 　法人は提供するサービスが最大価値となるように活動しなければなりません（有効性）。一方で、法人の資源は無限ではないので限られた資源をいかに使用するか（効率性）が求められる。
計算書類の信頼性	財務諸表の信頼性を確保すること。 　法人の財務的な活動結果は財務諸表に集約される。この財務諸表が法人活動を正しく表示しないと、法人の実態に関して誤った判断をしてしまう可能性がある。
事業活動にかかわる法令等の遵守	事業活動にかかわる法令や、そのほかの規範を遵守すること。コンプライアンスとも呼ぶ。 　法人及び職員が法令、規範に従うことは法人活動上重要である。
資産の保全	資産の取得や使用、処分が適切に行われるようにすること。 　資産の管理が適切にされないと、法人活動に悪影響を与えることになる。

　内部統制は、社会福祉法人の経営全体にかかわるものであるが、会計実務においても内部統制によって４つの目的が達成されなければならない。このうち、特に、計算書類の信頼性と資産の保全が重要視される。

4　内部統制の構成要素

　４つの目的を達成するために、内部統制は次の６つの要素を備える必要がある、とされる。

要　素	内　容
統制環境	組織の気風を決定し、組織内のすべての者に統制に関する意識を与えるもので、内部統制の基礎をなすもの。 　ここでは、経営トップの姿勢がとくに重要とされる。
リスクの評価と対応	組織の目標達成を阻害する要因を洗い出し、リスクとして識別し、評価し、これに対して適切な対応をすること。
統制活動	組織の業務が、経営者の命令や指示に従って確実に実行されるために、方針・手続きが明確に定められ実行されること。
情報と伝達	組織内外の必要な情報が把握され、識別され、必要な人に確実に伝達されること。
モニタリング	内部統制が有効に機能しているかを組織的に監視し、評価し、必要な改善を行なうこと。
IT（情報技術）への対応	内部統制が確実に有効に機能させるために IT が有効に機能していること。

図 3-1　内部統制の目的と構成要素

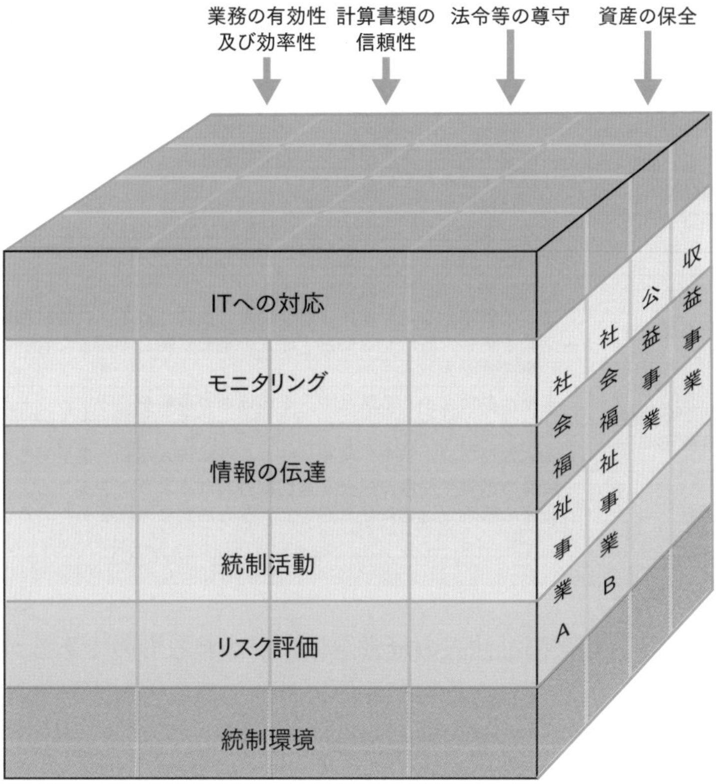

内部統制の目的と要素を表すと図 3-1 のようになる。

図の表している内容は、各事業（社会福祉事業 A、社会福祉事業 B、公益事業、収益事業）において、4 つの目的（業務の有効性及び効率性、計算書類の信頼性、法令等の遵守、資産の保全）を達成するために 6 つの構成要素が存在する、ということである。

第 2 節　内部統制の構成要素〜各論

1　統制環境

統制環境については、次の項目を整備する必要がある。

誠実性と倫理観

　　…組織に属する人の行動の基本となるものであり、内部統制の基本
　　となるもので、とくに経営トップが経営理念に基づく行動規範を
　　明示し、率先垂範することが求められる。

職務遂行に必要な能力の定義と適切な人材の確保

　　…内部統制の有効性は、構成員の能力に大きく依存する。

理事会、評議員会、監事の理事長に対する監視機能及び内部統制に
対する姿勢

　　…理事会、評議員会、監事の理事長に対する監視機能及び内部統制
　　に対する姿勢は、構成員の内部統制に対する意識に影響を与え
　　る。

経営理念と基本経営方針

　　…経営理念、基本経営方針は経営リスクの識別や管理の方法、財務
　　報告に対する考え方に影響を与える。

経営組織と権限や職責の付与

　　…構成員に与えられる権限や職責は、構成員の行動に影響を与え
　　る。

人事に関する方針と管理

　　…内部統制は、構成員の誠実性、能力に依存しており、人事に関す
　　る方針と管理は、内部統制の基盤である。規律を明確にし、公正
　　な評価に基づく処遇、昇格を実施するとともに、信賞必罰を確実

に実施する必要がある。

2　リスクの評価と対応

　法人の経営、つまり法人の目的達成には、あらゆるリスクを伴う。その中には、同業者との競争に負け、財務的な困難に陥るリスクもある。これらのリスクを排除し、または適切に処理することが必要である。

　リスクは、環境の変化によって変化する。法令の改正などはその一例である。また、リスクは無数にあり、あらゆるリスクをなくすことは不可能である。したがって、法人の経営者、管理者等が一丸となってリスクを洗い出し、組織全体を規準としてリスクを評価し、重要なものを識別し、個々のリスクへの対応を具体的に決める必要がある。リスクの重要度は、発生頻度と影響の大きさによって測定することになる。

3　統制活動

　統制活動は、経営者や部門責任者が自らの命令・指示が適切に実行されることを確保するために定めた方針と手続で、リスクを軽減し内部統制の目的を達成するため、あらゆる階層、部門・部署等の事業活動に組み込まれる。

4　情報と伝達

　組織の効果的かつ効率的な運営のためには、必要な情報が識別、把握処理され、正しく伝えられることが必要である。上から下への伝達、ヨコの伝達および下から上への伝達が含まれ、また、インフォーマル情報も含まれる。

5　モニタリング

　モニタリングとしては、日常的な業務の監視（レビュー）と、内部監査などによる臨時的なレビューがある。

6　IT（情報技術）への対応

　ITは、現在業務の中に広く組込まれている。したがって、前述2から5に関連するIT特有の処理の方針と手続きならびにその運用を整備する必要がある。

第3節　内部統制構築例

　内部統制の構築方法は、法人の状況により異なるが、内部統制の構築過程について理解することをねらいとする。

1　リスクの評価と対応

　法人全般のリスクの要因例としては、次のようなものがある。リスクの具体的な内容は、このような要因の中から洗い出す。

分　類	リスクの要因
法令等の改正	介護保険法、障害者総合支援法、厚生労働省通知の改正　等
外部環境	利用者の増減、同業他法人の動向、指導監査の結果、市町村の法人に対する姿勢（補助金）　等
内部環境	理事の法人運営に対する姿勢、理事会、評議員会、監事の統制、職員の増減、施設の内容　等

　法人全般のリスクのほかに業務上のリスクもある。
　会計実務に限ると、リスクの要因は、次のように分類することができる。

分　類	リスクの要因
期間配分の適切性	事象（取引）が、正しい会計期間に反映されること。
実在性	会計記録の内容が実在していないこと（裏付けがないこと）。
網羅性	すべての事象（取引）が会計記録に反映されないこと。
評価の妥当性	事象（取引）や資産・負債が会計基準に基づいて評価されないこと。 または、資産について実施すべき評価減や引当金の適切な設定が行われないこと。
権利と義務の帰属	法人に権利または義務のない取引や資産・負債が計上されること。 または、権利または義務のある取引や資産・負債が計上されないこと。
表示の妥当性	計算書類に表示または開示すべき事項が適切に開示・表示されないこと。

　業務のリスクの洗い出し、識別および評価をするときは、業務を分類し、それぞれの流れにしたがって行うことが効果的であり、業務の流れの一例を示せば次の通りである。

業　務	内　　容
収入管理業務	サービス提供（未収金の発生）→未収金の算定→未収金の請求→未収金の回収までの業務。
購買管理業務	物品の発注→物品の購入（未払金の発生）→請求書の入手→未払金の支払までの業務。
出納管理業務	現金、預金の入出金の管理業務。

　　　各業務のリスク例として次の項目がある。

収入管理業務のリスク洗い出し

業務内容	リスク
サービス提供時点	・実際に提供していないサービスを提供したとするリスク ・利用者に正しいサービスを提供しないリスク
未収金の算定	・実際に提供していないサービスに関する未収金を計上するリスク ・未収金の計算を誤るリスク
未収金の請求	・未収金の請求先を誤るリスク ・未収金の請求金額を誤るリスク
未収金の回収	・未収金の回収金額を誤るリスク ・未収金が回収されないリスク ・回収された未収金が法人に正しく入金されないリスク

購買管理業務のリスク洗い出し

業務内容	リスク
物品の発注	・担当者の恣意的な発注がされるリスク
物品の検収	・発注した通りに物品が納入されないリスク
請求書の到着	・請求書と実際の納品の内容が異なるリスク ・発注時の単価と請求時の単価が異なるリスク
代金の支払	・請求書の金額通り支払われないリスク ・業者に正しい金額が支払われないリスク
現金管理	・現金が持ち出されるリスク ・入金・出金処理誤りにより現金残高が記録簿と整合しないリスク
預金管理	・預金が法人の許可なく引き出されるリスク ・預金者名義が法人の許可なく変更されるリスク ・当座預金を使用している場合、小切手帳が持ち出されるリスク ・定期預金証書が法人の許可なく借入金の担保になるリスク

2　統制活動〜統制手続きの整備

　　リスクの評価を踏まえた統制手続きとしては次のような例が考えられる。

(1) 法人全般のリスクに対しての統制手続き

統制手続
・理事会、評議員会は適切に開催されているか。 ・法人運営のための各種規程（人事規程、経理規程等）は整備・運用されているか。

（2）収入管理業務のリスクに対しての統制手続き

業務内容	統制手続
収入業務全般	・収入業務に関する規程が定められているか。 ・サービス提供、未収金算定、未収金管理の各業務の担当者が定められているか。
サービス提供時点	・サービスが提供されたことを適切に記録しているか。 ・サービス提供の記録が正しいものであることを記録者以外の者が確かめているか。
未収金の算定	・提供したサービスに基づいた正しい未収金を算定しているか。 ・計算結果を担当者以外の者が検証しているか。
未収金の請求	・未収金の請求は正しい相手先に行われているか。 ・未収金の請求金額は正しい金額になっているか。 ・請求処理にコンピュータシステムを使用している場合には、システムに他の者が入り込めないようパスワード管理されているか。
未収金の回収	・未収金が予定日に回収されているかを確かめているか。 ・未収金回収方法は原則として、銀行振り込みになっているか。 ・現金で回収する場合には、領収書を発行しているか。 ・未収金が期日どおり回収されない場合、その原因を調査しているか。 ・徴収不能とする場合には、法人内の所定の手続を経ているか。

（3）購買管理業務のリスクに対しての統制手続き

業務内容	統制手続
購買業務全般	・購買業務に関する規程が定められているか。
物品の発注	・発注は、決められた担当者により行われているか。 ・発注時には、複数の業者から見積書をとる等、合理的に行われているか。 ・発注内容は、発注者以外の者が内容を確認しているか。
物品の検収	・納品されたときには、納品内容の確認をしているか。 ・見積書と現物又は納品書とを突合し、納品が正しく行われていることを確かめているか。
請求書の到着	・請求書と納品書を突合し、請求内容が問題ないことをたしかめているか。
代金の支払	・請求金額が期日通りに支払われているか。 ・支払時には、別の者が確認をしているか。

（4）出納管理業務のリスクに対しての統制手続き

業務内容	統制手続
現金預金管理全般	・現金預金管理業務に関する規程が定められているか。 ・現金預金管理担当者が定められており、それ以外の者が現金預金管理業務に携わらないようになっているか。
現金管理	・法人内の現金の保管場所は定められているか。 ・原則、金庫等盗難、滅失の危険性が低い場所に保管されているか。 ・小口現金の上限額は定められ、それ以上の現金が法人内で保管されないようになっているか。 ・現金の出納記録は発生する都度されるようになっているか。 ・現金の残高の確認は原則毎日行われるようになっているか。 ・現金の残高確認結果は、担当者とは別な者が結果を確認するようになっているか。
預金管理	・預金通帳・証書の保管場所は定められているか。 ・預金者名義が正しいことを定期的に確認しているか。 ・定期預金証書が借入金の担保になっていないことを確認しているか（証書に担保になっている旨の記載等）。

3　　内部統制と規程等の整備の関係

　内部統制制度は、社会福祉法人のみならず、あらゆる組織体に存在するものである。最近では、上場企業において金融商品取引法に基づく内部統制報告制度による内部統制報告書が有価証券報告書とともに開示されている。内部統制は、社内規程等に示されることにより具体化されて、組織内のすべての者がそれぞれの立場で理解し遂行することになる。特に、暗黙裡に実施されている社内の決まり事等がある場合には、それを明文化しておくことが重要である。このため、内部統制においては、規程等の整備や明文化が大変重要である。

4　　内部統制の整備状況を把握する文書3点セット

　内部統制の整備状況を把握するためには、各業務プロセスの流れを把握し、これらの業務プロセスのリスクを識別し、評価することが必要である。その際には、下記の図や表にすることが有効である。
　　業務の流れ図
　　業務記述書
　　リスクと統制の対応図

5　　内部監査

　内部監査とは、内部統制の目的をより効果的に達成するために、内部統制の基本的要素の一つであるモニタリングの一環として、内部統制の整備及び運用状況を検討、評価し、必要に応じて、その改善を促す職務である。

　内部監査は、監査の対象となる業務及び部署から独立していることが必要であり、内部統制の責任者である経営者の指揮命令系統、報告ラインにあることが必要である。

　他の部門から独立した内部監査担当者を設けることは費用の点で困難な場合がある。そのような場合には、複数施設を運営している法人にあっては、一方の施設職員を他の施設の内部監査担当者に任命することが考えられる。具体的には、A施設の職員をB施設の内部監査担当者に任命し、逆にB施設の職員をA施設の内部監査担当者に任命するということである。

6　社会福祉法における内部統制の位置づけ

(1) 法の位置づけ

　一定の事業規模を超える法人は、法人のガバナンスを確保するために、理事の職務の執行が法令及び定款に適合することを確保するための体制、その他社会福祉法人の業務の適正を確保するために必要な体制の整備（内部管理体制の整備）について、基本方針を理事会において決定し、当該方針に基づいて、規程の策定等を行うこととなる（法第 45 条の 13 第 4 項第 5 号及び第 5 項）。

(2) 基本方針として理事会において決定すべき事項

　内部管理体制の内容については、法に規定されている理事の職務の執行が法令及び定款に適合することを確保するための体制のほか、施行規則で以下の内容を規定している。（施行規則　第 2 条の 16）

❶理事の職務の執行に係る情報の保存及び管理に関する体制

❷損失の危険の管理に関する規程その他の体制

❸理事の職務の執行が効率的に行われることを確保するための体制

❹職員の職務の執行が法令及び定款に適合することを確保するための体制

❺監事がその職務を補助すべき職員を置くことを求めた場合における当該職員に関する事項

❻❺の職員の理事からの独立性に関する事項

❼監事の❺の職員に対する指示の実効性の確保に関する事項

❽理事及び職員が監事に報告をするための体制その他の監事への報告に関する体制

❾❽の報告をした者が当該報告をしたことを理由として不利な取扱いを受けないことを確保するための体制

❿監事の職務の執行について生ずる費用の前払又は償還の手続その他の当該職務の執行について生ずる費用又は債務の処理に係る方針に関する事項

⓫その他監事の監査が実効的に行われることを確保するための体制

7　内部統制を構築するための内部統制質問書

　本章の最後に、自法人で内部統制の現状把握及び構築に資すると思われる内部統制質問書を業務サイクルごとにお示しする。

事業収入に関する内部統制質問書

番号	質問事項	回答			監査実施者及び実施日	摘要
		然	否	該当なし		
1-1	**一般的事項** 予算管理に関して、 （1）事業収入について予算の設定とその統制が行われているか。					
1-2	事業収入の手続に関する諸規程が作成されているか。					
1-3	前項の諸規程には、下記の項目が含まれているか。 ①事業収入計上基準及び処理手続 ②請求書発行及び入金手続 ③計上基準及び処理手続並びにこれらに関する承認手続 ④債権管理 ⑤徴収不能及び徴収不能引当金の設定及びこれらに関する承認手続					
1-4	事業収入に関する各部署の権限と責任が定められているか。 　　　　業務内容　　　　　　担当部署名及び氏名 ①請求 ②回収 ③記帳（得意先元帳） ④債権管理					
1-5	上記 1-4 の各業務は、それぞれ独立した部署により行われているか。					
1-6	（1）下記の項目につき、おのおのの基準が設けられているか。 　　　　項目　　　　　　　基準の内容の要約 ①請求書の発行 ②回収条件 （2）これらの基準については定期的（　　　　　　）に見直しが 行われているか。					
1-7	取引条件がこれらの基準と異なる場合には、所定の責任者の承認を受けているか。					
1-8	一定の基準がない場合には所定の責任者の承認を受けているか。					
2-1	**福祉サービスの提供** 福祉サービスの提供については、サービス提供数が判明する記録（業務日誌）が作成されているか。					
2-2	業務日誌には、所定の責任者の承認を得ているか。					
3-1	**事業収入計上等** サービス提供の事実等に従って所定の収益計上基準に基づき会計伝票が起票されているか。 （起票部署） （計上の基礎となる伝票等） （承認部署及び責任者）					
3-2	期末締切処理手続（カット・オフ）について十分な配慮がなされているか。					
4-1	**請求手続** すべてのサービス提供については、所定の基準に基づき、漏れなく請求書が発行され、適時かつ正確に送付されているか。					
4-2	請求書の内容（サービス提供数、単価、金額等）は、請求書発行担当者以外の者により単価表、業務日誌等と照合されているか。					

番号	質問事項	回答			監査実施者及び実施日	摘要
		然	否	該当なし		
4-3	請求書には、あらかじめ一連番号が付されており、かつ請求書用紙の管理が適切に行われているか（伝送等、公的機関への請求手続は除く）。					
4-4	請求書発行部署は、会計記録担当者及びサービス提供担当部署から独立しているか。					
4-5	請求書の発行時期について基準が定められているか。					
4-6	再請求に関する規程が作成されているか。この場合、二重事業収益の計上を防止する手続が含まれているか。					
5-1	**回収手続** 回収担当者は、下記の事務を取り扱わないことになっているか。（現金回収の場合のみ実施） ①請求書の発行 ②収益に関する補助元帳の記帳 ③値引・割戻し、事業収入手数料、クレーム費用の承認 ④不良債権の償却の承認 ⑤郵便物の開封					
5-2	集金人を使用する場合は、 （1）集金人について身元調査、身元保証人の制度がとられているか。 （2）未入金（未使用）の領収書はその発行部署へ遅滞なく返還されているか。 （3）集金の際、支払人から領収書控に支払額の証明をとっているか。					
5-3	相殺による回収については、所定の責任者の承認を受けた上で、領収書が発行されているか。					
5-4	仮領収書が発行されていないか。発行されている場合には、その管理は適切に行われているか。					
6-1	**債権管理** 利用者債権元帳記帳担当者は、下記の事務を取り扱わないことになっているか。 ①金銭の出納又は現金・預金出納帳の記帳 ②請求書の発行 ③回収条件の承認 ④代金回収 ⑤不良債権の償却の承認 ⑥郵便物の開封					
6-2	利用者債権元帳は記帳担当者以外の者によって、毎月、総勘定元帳と照合されているか。					
6-3	利用者に対して定期的（　　　　　　）に記帳担当者以外の者により残高確認が実施されているか。					
6-4	債権残高の年齢調べが定期的（　　　　　　）に行われ、所定の責任者の検閲を受けているか。					
6-5	下記の未収金については、原因を調査し、所定の責任者の承認を受けた上で、適切な処置がとられているか。 ①一定基準を超えて滞留している未収金 ②利用者との確認の結果、残高の不一致が発見された未収金					
6-6	値引、割引、割戻し、手数料及び相殺等による売掛金の減額処理については、所定の責任者の承認を受けて処理されているか。					

番号	質問事項	回答			監査実施者及び実施日	摘要
		然	否	該当なし		
6-7	利用者債権元帳記帳担当者の受持口座は、定期的（　　　　　　　）に変更されているか。					
6-8	徴収不能については、所定の責任者の承認を受けているか。					
6-9	未収金の残高が貸方残高となったものについて、その原因調査が行われているか。					
7-1	**補助金・助成金に関する手続** 交付申請書には、所定の責任者の承認を得ているか。					
7-2	支払決定通知書は、交付申請書との金額、時期等の照合がされているか。					
7-3	補助金の収受に際し、目的に即した使用がされていることを監督しているか。					
7-4	補助金の収受に際し、国庫補助金等特別積立金の積立との検討が行われているか。					
7-5	補助金使用報告書は、所定の責任者の承認が行われ、精算の要否について検討が行われているか。					
8-1	**寄付金に関する手続** 寄付金の申出時には、申込書、寄付金台帳が作成され責任者の承認を得ているか。					
8-2	寄付金領収書の発行には責任者の承認を得ているか。					
8-3	寄付金領収書には事前連番管理がされているか。					
8-4	寄付金の収受に関し、計上する拠点区分、基本会計上の要否に関する検討が行われているか。					
9-1	**会計処理に関する手続** 収益計上の方針（入金、発生）を担当者は把握しているか。					
9-2	事業収益科目は会計基準に従っていることを担当者は点検しているか。					
9-3	事業収益科目の金額の点検は担当者以外が行っているか。					
9-4	期末に行う事業収益に関する手続き（未収計上、収入消込）は整理されているか。					

ヒアリングによる評価

人件費関連取引（役員報酬等を含む）に関する内部統制質問書

番号	質問事項	回答			監査実施者 及び実施日	摘要
		然	否	該当 なし		
1-1	**一般的事項** 従業員関連取引についての諸規程が整備されているか。					
1-2	上記 1-1 の諸規程には、次のものが含まれているか。 ①就業規則 ②給与賃金規程（賞与、諸手当の規程を含む） ③退職金規程 ④退職年金規程 ⑤旅費規程					
1-3	上記 1-2 の各規程の所管部署が定められており、改廃に関する権限と責任が定められているか。					
1-4	各規程のうち法令等により関係官庁等に届出が要求されているものについて、必要な届出が適時、適切に行われているか。					
2-1	**従業員給与賃金・諸手当** 従業員の個人別人事記録は、所定の責任者の承認を受けた書類に基づいて作成・管理されているか。					
2-2	上記2-1の人事記録は、担当者以外の者によって定期的（　）に検閲されているか。					
2-3	給与マスターファイルは、上記 2-1 の人事記録に基づいて作成されているか。					
2-4	上記 2-3 のマスターファイルは、担当者以外の者によって検証されているか。					
2-5	給与賃金計算表は、上記 2-3 のマスターファイルを基に、所定の勤務報告書等に基づいて作成されているか。					
2-6	勤務報告書等は、所定の責任者の承認を得ているか。 ①出勤表 ②タイムカード ③作業時間表					
2-7	給与賃金計算表の作成について、 （1）作成者は、給与の支払業務を行わないことになっているか。 （2）支給総額、諸手当、控除金額等は、所定の書類に基づいて計算されているか。 （3）作成者以外の者によって検算されているか。 （4）所定の責任者の承認を得ているか。 （5）計算担当者の担当範囲を、定期的（　　　）に交替させているか。					
2-8	給与賃金計算表上の人事記録は、作成者以外の者によって、定期的（　　　）に人事担当部署の在籍従業員名簿と照合されているか。					
2-9	出向社員に係る給与賃金について、 （1）給与賃金の負担に関する協約等が結ばれているか。 （2）協約は、所定の責任者の承認を得ているか。 （3）協約に従って処理されているか。 （4）担当者以外の者がその内容を検閲しているか。					
2-10	給与賃金の支払について、 （1）給与の支払は、計算担当者以外の者によって行われているか。 （2）銀行振込の場合、振込依頼書は、上記 2-7 の計算表に基づき作成されているか。 （3）銀行振込以外の場合、本人から受領書を入手しているか。 （4）給与賃金明細書は、本人に渡されるか。					

番号	質問事項	回答			監査実施者及び実施日	摘要
		然	否	該当なし		
2-11	未渡給与賃金について、 （1）未渡給与賃金は、安全な金庫に保管されているか。 （2）未渡期間が長期にならないように、適切な手続が確立されているか。					
2-12	給与賃金の計上について、 （1）給与賃金の各部門への配賦計算は、作成者及び支払担当者以外の者によって検算されているか。 （2）会計伝票の起票は、支払担当者以外の者によって行われているか。 （3）会計伝票は、担当責任者の承認を受けた上で会計担当部署へ回付されているか。					
2-13	給与賃金計算の記録は、その計算及び支払担当者以外の者又は内部監査担当者によって、定期的（　　　　　　　　　）に又は随時に検閲されているか。					
3-1	**従業員賞与** 賞与マスターファイルは、上記 2-1 及び 2-2 の手続を経た人事記録を基に作成されているか。					
3-2	上記 3-1 のマスターファイルは、担当者以外の者によって検閲されるか。					
3-3	個人別の賞与の決定について、勤務評定等所定の手続が定められているか。					
3-4	賞与計算表は、上記 3-1 のマスターファイルを基に、所定の責任者の承認を得た個人別賞与支給決定書に基づいて作成されているか。					
3-5	賞与計算表の作成について、 （1）作成者は、賞与の支払業務を行わないことになっているか。 （2）支給総額、控除額等は、所定の書類に基づいて計算されているか。 （3）計算表は、作成者以外の者によって検算されているか。 （4）所定の責任者の承認を得ているか。					
3-6	出向社員・転籍社員に係る賞与について、 （1）賞与の負担に関する協約等が結ばれているか。 （2）協約は、所定の責任者の承認を得ているか。 （3）協約に従って処理されているか。 （4）担当者以外の者がその内容を検閲しているか。					
3-7	賞与計算表上の人事記録は、作成者以外の者によって、人事担当部署の在籍従業員名簿と照合されているか。					
3-8	賞与の支給について、 （1）賞与の支給は、計算担当者以外の者によってなされているか。 （2）銀行振込の場合、振込依頼書は、上記 3-5 の計算表に基づいて作成されているか。 （3）銀行振込以外の場合、本人から受領書を入手しているか。 （4）賞与明細書は、本人に渡されているか。					
3-9	未渡賞与について、 （1）未渡賞与は、安全な金庫に保管されているか。 （2）未渡期間が長期にならないように、適切な手続が確立しているか。					
3-10	賞与の計上について、 （1）賞与の各部門への配賦計算は、作成者及び支払担当者以外の者によって検算されているか。					

番号	質問事項	回答			監査実施者及び実施日	摘要
		然	否	該当なし		
	(2) 会計伝票の起票は、支払担当者以外の者によって行われているか。 (3) 会計伝票は、所定の責任者の承認を受けた上で、会計担当部署へ回付されているか。					
3-11	賞与計算表の内容は、その計算及び支払担当者以外の者又は内部監査担当者によって検閲されているか。					
4-1	**従業員退職金・退職年金** 退職金計算マスターファイルは、上記 2-1 及び 2-2 の手続を経た人事記録を基に作成されているか。					
4-2	上記 4-1 のマスターファイルは、担当者以外の者によって検閲されているか。					
4-3	退職金計算書の作成について、 (1) 計算書は、所定の責任者の承認した退職辞令に基づいて作成されているか。 (2) 計算書は、上記 4-1 のマスターファイル及び退職金規程に基づいて作成されているか。 (3) 計算書は、所定の責任者の承認を得ているか。 (4) 作成者は、退職金の支払いを担当していないか。 (5) 作成者以外の者によって検算されているか。					
4-4	退職金の支給について、 (1) 退職金の支給は、銀行振込制になっているか。 (2) 銀行振込以外の場合、本人から受領書を入手しているか。					
4-5	退職金の計上について、 (1) 会計伝票の起票は、支払担当者以外の者によってなされているか。 (2) 会計伝票は、所定の責任者の承認を受けた上で会計担当部署へ回付されているか。					
4-6	出向社員・転籍社員に係る退職金について、 (1) 退職金の負担に関する協約等が結ばれているか。 (2) 協約は、所定の責任者の承認を得ているか。 (3) 協約に従って処理されているか。 (4) 担当者以外の者がその内容を検閲しているか。					
4-7	上記 4-1 のマスターファイル上の人員の記録は、定期的（　　　　）に人事担当部署の在籍従業員名簿と照合されているか。					
4-8	個人別の退職金要支給額の計算表は、上記 4-1 のマスターファイルを基に、必要に応じて作成されているか。					
4-9	福祉医療機構退職金制度について、 (1) 拠出金（掛金）は、受託機関からの請求書に基づいて支払われているか。 (2) 加入者マスターファイル上の人事記録は、定期的（　）に人事担当部署の在籍従業員名簿と照合されているか。 (3) 退職の連絡について 退職辞令に基づいているか。 (4) 退職金の支給 退職金の支給者は機構であるが、支払通知書を本人に交付しているか。					
5-1	**役員報酬等** 役員に係る次の項目に関する規程が整備されているか。 ①報酬 ②賞与 ③退職慰労金 ④その他の経済的利益					

番号	質問事項	回答			監査実施者 及び実施日	摘要
		然	否	該当 なし		
5-2	上記 5-1 の規程は、定期的（　　　）に見直しが行われているか。					
5-3	役員の個人別人事記録については、上記 2-1 及び 2-2 の手続が準用されているか。					
5-4	報酬等の支給について、法令又は定款、規程等への準拠性の検査が監事によって行われているか。					
6-1	**賞与引当金** 賞与引当金の計上の要否は、賞与規程に従って判断していることを確認しているか。 ①賞与規程					
6-2	賞与引当金の測定は、基準・賞与規程に従っていることを確認しているか。					
6-3	以下の賞与引当金の会計処理は、基準・賞与規程に従っていることを確認しているか。 ①引当金計上の会計処理方法及び時期 ②引当金取崩の会計処理方法及び時期 ③賞与支給の会計処理方法及び時期 ④月次の会計処理					
7-1	**退職給付引当金** 退職給付引当金の計上の要否は、退職金規程に従って判断していることを確認しているか。					
7-2	退職給付引当金の測定は、基準・退職金規程に従っていることを確認しているか。					
7-3	以下の退職給付引当金の会計処理は、基準・退職金規程に従っていることを確認しているか。 ①引当金計上の会計処理方法及び時期 ②引当金取崩の会計処理方法及び時期 ③退職金支給の会計処理方法及び時期 ④月次の会計処理					
8-1	**会計処理に関する手続** 人件費計上の方針（出金、発生）を担当者は把握しているか。					
8-2	人件費科目は会計基準に従っていることを担当者は点検しているか。					
8-3	人件費科目の金額の点検は担当者以外が行っているか。					
8-4	期末に行う人件費に関する手続き（未払計上、支払消込）は整理されているか。					

ヒアリングによる評価

事業費・事務費に関する内部統制質問書

番号	質問事項	回答			監査実施者及び実施日	摘要
		然	否	該当なし		
1-1	**一般的事項** 購買管理に関して、 （1）事業費・事務費について予算の設定とその統制が行われているか。					
1-2	購買の手続に関する諸規程が作成されているか。					
1-3	前項の諸規程には、下記の項目が含まれているか。 ①発注の処理及び承認手続 ②検収手続 ③支払手続					
1-4	購買に関する各部署の権限と責任が定められているか。 　　　業務内容　　　　　担当部署及び氏名 ①契約（仕入値引及び仕入割戻し等を含む） ②発注 ③検収 ④棚卸資産管理（保管・払出） ⑤支払 ⑥記帳					
1-5	前項の各業務は、それぞれ独立した部署によって行われているか。					
1-6	（1）下記の項目につき、おのおのの基準が設けられているか。 　　　項目　　　　　　基準の内容の要約 ①稟議書の発行 ②契約書の締結又は注文書の発行 ③発注価格（見積り合せ制度等） ④発注時期及び納期 ⑤支払条件 ⑥領収証の入手 ⑦証憑書類の保管 （2）前項の基準については、定期的（　）に見直しが行われているか。					
1-7	取引条件がこれらの基準と異なる場合には、所定の責任者の承認を受けているか。					
1-8	一定の基準がない場合には、取引ごとに所定の責任者の承認を受けているか。					
2-1	**発注手続** 購買契約の締結又は発注（小口現金をもってするものを除く）に当たっては、すべて購入依頼部署又は倉庫担当部署等の発行した購入依頼書等の書類に基づいて行われているか。					
2-2	仕入先・購入価額及びその他購買条件等について、購入担当部署の責任者の承認を受けているか。 購買責任者：					
2-3	経理規程の契約手続に従っているか。					
2-4	発注に関する記録及び書類が整備しているか。 （1）作成又は入手する書類 ①購入依頼書 ②見積書 ③契約書					

番号	質問事項	回答			監査実施者及び実施日	摘要
		然	否	該当なし		
	これらの書類には、作成日又は入手日が記載されており、おのおの日付順又は仕入先別等の区分により、秩序整然と整理・保管されているか。					
3-1	**検収・受入手続** 物品受入部署が明確に定められており、それ以外の部署によって受入が行われるようなことはないか。					
3-2	一切の入荷品について、あらかじめ一連番号が付された検収報告書が作成されているか。					
3-3	検収報告書控は、会計担当、購貝担当関係部署に回付されるか。					
3-4	検収方法は、あらかじめ定められた検収規程に基づき、適切に行われているか。					
3-5	納品書又は送り状は、購買担当部署によって、 （1）注文書控と照合されているか。 （2）検収報告書控と照合されているか。 （3）数量、金額の検算が行われているか。					
3-6	検収に関する記録及び書類が整備されているか。 　　　　　　　　　保管部署 ①検収報告書 ②納品書・送り状					
4-1	**経費計上手続等** 所定の仕入計上基準に基づき、納品書又は送り状、検収報告書等により、会計伝票が起票されているか。 （起票部署） （計上の基礎となる伝票等） （承認部署及び責任者）					
4-2	会計伝票は、起票日、検収日、仕入計上日、仕入先、仕入事業場名、品名、数量、単価、金額などの必要事項が記載されているか。					
4-3	会計伝票は購買担当責任者の承認を受けた上で、会計担当部署へ回付されているか。					
4-4	上記の会計伝票については会計担当部署によって、注文書控、検収報告書控等と照合され、数量、単価、金額の検証が行われているか。					
4-5	経費元帳（補助簿）の記帳担当部署は、下記の事務を取り扱わないこととなっているか。 ①金銭の出納、出納帳の記帳及び支払の承認 ②購買関係事務及び検収 ③物品の保管					
4-6	経費元帳（補助簿）は、記帳担当以外の部署（内部監査部門等）によって、定期的（　　　　　）に請求書と照合されているか。					
4-7	期末締切処理手続（カット・オフ）について、所定の基準に従って適正に行われているか。					
5-1	**債務の支払手続** （一般的事項） （1）購買担当部署によって、仕入先からの請求書と注文書控及び検収報告書控等とが照合され、請求金額、支払条件等が確かめられた上で、支払依頼票が作成されているか。					

番号	質問事項	回答			監査実施者及び実施日	摘要
		然	否	該当なし		
	（2）請求書及び当該支払依頼票は、所定の責任者の承認を受けた上で記帳担当部署に回付されているか。					
5-2	上記の請求書は、記帳担当部署で経費元帳（補助簿）と照合された後、支払依頼票とともに支払担当部署に回付されているか。					
5-3	支払担当部署は、支払承認のある支払依頼票に基づき会計伝票を起票し、所定の責任者の承認を受けた上で支払を行っているか。					
5-4	仕入先元帳の記帳担当部署は、支払日をもって経費元帳（補助簿）に記帳し、支払対象取引金額の消し込みを行っているか。					
5-5	領収証は、日付順等により、整理・保管されているか。					
6-1	**債務残高の管理手続** （買掛金・未払金等） 仕入先元帳等は、毎月、総勘定元帳と照合されるか。 照合担当者（　　　　　　　　　）					
6-2	仕入先に対し、定期的（　　　　　　　　）に買掛金等残高の確認を求め、又は仕入先元帳等が請求書と照合されているか。					
6-3	上記 6-2 により、差異が発見された場合は、その内容及び原因について、所定の責任者に報告されるか。					
6-4	仕入先からの残高又は取引の確認依頼がある場合、所定の責任者の承認を得て回答を行っているか。また、仕入先からの残高確認依頼書（回答の控を含む）は、適切に保管されているか。					
6-5	定期的（　　　　　　　　）に仕入先別残高明細表及び滞留分析表が作成されているか。					
6-6	長期間滞留又は借方残高となっている口座については、その原因及び内容が調査されているか。					
6-7	仕入先元帳等の記帳担当者の受持口座は、定期的（　　　　　　　　）に変更されているか。					
7-1	**会計処理に関する手続** 事務費、事業費計上の方針（出金、発生）を担当者は把握しているか。					
7-2	事務・事業費科目は会計基準に従っていることを担当者は点検しているか。					
7-3	事務費・事業費科目の金額の点検は担当者以外が行っているか。					
7-4	期末に行う給与に関する手続き（未払計上、支払消込）は整理されているか。					

ヒアリングによる評価

固定資産、減価償却及び関連損益項目に関する内部統制質問書

番号	質問事項	回答			監査実施者及び実施日	摘要
		然	否	該当なし		
1-1	**一般的事項** 設備予算及び修繕予算は、法人の事業計画に従い、理事会等によって決定されているか。					
1-2	固定資産の取得、管理、移管、除却、売却又は貸与の手続に関する章が経理規程に設けられているか。					
1-3	上記 1-2 の諸規程には、下記の項目が含まれているか。 ①固定資産の範囲 ②固定資産の現物管理に関する手続 ③付保手続 ④固定資産の取得・処分手続 ⑤固定資産に関する会計処理基準					
1-4	固定資産に関する各部署の権限と責任が定められているか。 　　　　業務内容　　　　　　　担当部署及び氏名 ①契約・発注 ②発注先の業務及び信用調査 ③検収検査（試運転等を含む） ④維持・管理（現物管理、保全、修繕等） ⑤処分（除却・売却等） ⑥記帳（固定資産台帳等）					
1-5	上記 1-4 の各業務は、それぞれ独立した部署により行われているか。					
1-6	固定資産に関する会計処理基準は、一般に公正妥当と認められる社会福祉会計の基準に準拠しているか。 ①勘定科目の分類 ②取得価額の決定基準（付随費用の取扱いを含む） （イ）購入により取得した資産 （ロ）交換、現物出資その他の方法により取得した資産 ③資本的支出と収益的支出の区分基準 ④減価償却方法、耐用年数、残存価額等、減価償却に関する基準 ⑤除却（有姿除却を含む）、売却及び撤去費用等の処理基準					
2-1	**取得手続** （購入） 固定資産の購入に際しては、 （1）稟議又は機関決定に基づいて発注の要否が検討されているか。 （2）設備予算額との比較検討がなされているか。 （3）一定金額以上の購入契約・工事請負契約の締結又は発注について、経理規程の契約の章に基づいた手続が行われているか。					
2-2	（1）発注に関する記録及び書類が整備されているか。 ①購入依頼書 ②見積書 ③稟議書等 ④契約書 ⑤注文書控及び注文請書 （2）上記（1）の記録及び書類には、作成日等が記載され、秩序整然と整理・保管されているか。 （3）上記（1）の記録及び書類によって、発注、納入、支払等の条件が明らかにされ、発注事務の管理が有効に行われているか。 （4）上記（1）の記録及び書類は、必要に応じて購入依頼元、検収検査担当、会計担当等関係部署に回付されているか。					
2-3	固定資産を購入した場合 （1）品質、性能の検査を必要とする場合には、技術的な検査能力を有する部署によつ、適時に検査が行われているか。					

番号	質問事項	回答			監査実施者及び実施日	摘要
		然	否	該当なし		
	（2）試運転を要する設備については、所定の試運転検査を経て検収されているか。 （3）建設工事については、工事の進捗に応じて立会検査が行われているか。 （4）官庁等の外部検査を必要とする設備等については、適時に所定の手続がとられているか。					
2-4	検収検査の結果は、遅滞なく検収検査報告書等の書類により会計担当等関係部署に報告されているか。					
2-5	固定資産の取得のための支出額又は発注額は、最終的に当該設備予算額と比較されているか。					
2-6	支出額又は発注額が当該設備予算額を超過する場合には、所定の責任者又は機関の承認を受けているか。					
3-1	**維持・管理手続** 資産の取得年月日、取得価額、減価償却方法、耐用年数、償却率、設置場所、担保権設定の有無等を記載した固定資産台帳が設けられているか。					
3-2	固定資産台帳は、定期的に総勘定元帳と照合されているか。					
3-3	有形固定資産は、物件ごとに資産番号が付され、可能な限り現品に番号票が貼付されているか。					
3-4	固定資産の移管又は用途変更等の場合 （1）すべて担当部署の発行した異動報告書等の書類に基づき、所定の責任者の承認を得て行われているか。 担当部署及び責任者（　　　　　　　） （2）固定資産台帳の記載に反映されているか。					
3-5	未使用固定資産（予備品、取替部品等）及び休止資産に関して適切な現物管理がなされているか。					
3-6	移動可能で高価な資産については、盗難防止等のために適切な現物管理がなされているか。					
3-7	少額固定資産（取得即費用又は貯蔵品として処理されているもの）に関して適切な現物管理がなされているか。					
3-8	有形固定資産は、定期的（　　　　）に実地棚卸され、固定資産台帳と照合されているか。					
3-9	上記 3-8 の実地棚卸に当たっては、稼動状況等がチェックされ、休止資産、陳腐化資産等が把握されているか。					
3-10	有形固定資産の付保額は、再投資等に十分であるか。					
3-11	所有権などの登記、登録は、適切に行われているか。					
3-12	有形固定資産の修繕・改良は、すべて担当部署の発行した稟議又は機関決定の書類に基づき、所定の責任者の承認を得て行われているか。 担当部署及び責任者（　　　　　　　　　　　　）					
3-13	修繕・改良に関する手続は、上記 2-1〜2-6 に準じて行われているか。					
3-14	固定資産を担保に供する場合には、所定の責任者の稟議又は機関決定の承認のもとにすべて契約書等に基づいて行われているか。 担当部署及び責任者（　　　　　　　　　　　　）					

番号	質問事項	回答			監査実施者 及び実施日	摘要
		然	否	該当 なし		
4-1	**除却・売却手続** 固定資産の処分は、すべて担当部署の発行した稟議又は機関決定の処分依頼書等の書類に基づき、所定の責任者の承認を得て行われているか。 担当部署及び責任者（　　　　　　　　　　　　　　　　）					
4-2	実地棚卸等によって把握された現物の滅失等は、所定の責任者の稟議又は機関決定手続を経た上、責任者の承認を受けて適切に処理されているか。					
4-3	固定資産の除却・売却は、固定資産処分報告書等の書類によって遅滞なく会計担当部署に報告されているか。					
5-1	**リース取引** リース取引に関連する書類は適切に保存管理されているか。 ① リース契約書 ② 固定資産台帳 ③ リース債務管理表					
5-2	リース取引の判定は適切に行われ、適切にファイナンス・リース取引とオペレーティング・リース取引に分類されていることを確認しているか。					
5-3	ファイナンス・リース取引は通常の売買取引に係る方法に準じて会計処理が行われていることを確認しているか。（ただし、重要性が乏しいものについては、通常の賃貸借取引に準じて会計処理を行うことが認められている） また、オペレーティング・リース取引は通常の賃貸借取引に係る方法に準じて会計処理が行われていることを確認しているか。 ① 規定との整合性 ② 契約書との整合性					
5-4	売買処理による場合、利息相当額の会計処理は適切であることを確認しているか。					
5-5	売買処理による場合、固定資産台帳への登録が正しく行われていることを確認しているか。 ① 固定資産台帳との整合性 ② リース契約書との整合性					
6-1	**会計処理に関する手続** 固定資産計上の方針（減価償却費認識等）を担当者は把握しているか。					
6-2	固定資産科目は会計基準に従っていることを担当者は点検しているか。					
6-3	固定資産台帳と会計の照合（減価償却費、帳簿価額）は行われているか。					
6-4	修繕費、固定資産計上の判定に関するルールを把握しているか。					
6-5	耐用年数、償却方法に関するルールを把握しているか。					
6-6	期末に行う給与に関する手続き（減価償却費、廃棄、新設、移動）は整理されているか。					

ヒアリングによる評価

財務・資金管理に関する内部統制質問書

番号	質問事項	回答			監査実施者及び実施日	摘要
		然	否	該当なし		
1-1	**現金・預金等の管理** 現金の保管・管理体制は適切か。					
1-2	契約処理、出納処理の職務分掌は適切か。					
1-3	経理規定に基づいた入金取引、出金取引が行われているか。					
1-4	領収書の管理は適切か。					
1-5	現金実査結果と会計帳簿残高は定期的に照合されているか。					
1-6	仮払金の管理体制は適切か。					
1-7	銀行印、通帳の保管・管理体制は適切か。					
1-8	インターネットバンキングの管理体制は適切か。					
1-9	キャッシュカード、クレジットカード、IC カードの管理体制は適切か。					
1-10	預金の銀行残高証明金額や通帳残高と会計帳簿残高は定期的に照合されているか。					
2-1	**投資取引と借入取引の管理** 有価証券、証券会社等の残高証明書との定期的な照合は行われているか。					
2-2	資金運用規定・投資リスク管理方針は整備されているか。					
2-3	投資取引を行う場合の承認手続体制は適切か。					
2-4	借入取引を行う場合の承認手続体制は適切か。					
2-5	投資取引、借入取引が適時にもれなく記帳される仕組みは整備されているか。					
2-6	借入取引の利息計算・計上手順は適切か。また適切に検閲されているか。					
2-7	有価証券・預金の対価の計上は基準・規定に従っているか。					
2-8	投資取引、借入取引等の各種補助簿と会計帳簿の定期的な照合は行われているか。					
3-1	**積立資産の管理** 積立資産の積立は基準・規定に従っていることを確かめているか。 ①規定との整合性 ②理事会議事録との整合性					
3-2	積立資産の取崩は基準・規定に従っていることを確かめているか。 ①規定との整合性 ②理事会議事録との整合性					
3-3	積立資産と積立金の整合性は検証されているか。					
4-1	**入居者預り金等の管理** 法人資産と入居者等からの預かり資産は適切に区分されているか。					
4-2	利用者預り金に関する管理体制は適切か。					
4-3	利用者立替金に関する管理体制は適切か。					

ヒアリングによる評価

決算統制に関する内部統制質問書

| 番号 | 質問事項 | 回答 | | | 監査実施者及び実施日 | 摘要 |
		然	否	該当なし		
1-1	**決算・財務報告に関する規程の整備** 決算・財務報告の基礎となる規程や業務の手順は整備されているか。					
2-1	**決算・会計業務体制** 基礎的な勘定科目体系及びその内容は各拠点間で整合しているか。					
2-2	会計方針が各拠点間で整合しているか。					
2-3	補助簿と総勘定元帳の整合性は確認されているか。					
3-1	**各種証憑の整備体制** 会計処理の根拠資料が網羅的に保管されているか。					
3-2	会計処理の根拠資料が検証可能な形で整理されているか。					
4-1	**決算の実施** 決算に必要な情報が識別及び収集されていることを確認しているか。					
4-2	決算作業の職務分掌と承認は適切か。					
5-1	**計算書類の開示・保存** 計算書類等（計算書類、附属明細書、財産目録他）の作成状況は管理されているか。					
5-2	計算書類等（計算書類、附属明細書、財産目録他）の様式が適切か検討されているか。					
5-3	注記が必要な項目を把握する体制は整備されているか。					
5-4	計算書類等の金額と主要簿との整合性は検証されているか。					
5-5	各種開示書類、開示項目間の整合性は検証されているか。					
5-6	計算書類等（計算書類、附属明細書、財産目録他）の保存状況は管理されているか。					
6-1	**内部取引の把握と相殺消去** 法人が行う内部取引の内容を把握する体制は整備されているか。					
6-2	法人が使用する財務会計システムの内部取引の入力方法と相殺消去に係る仕様は適切か。					
6-3	内部取引の整合性の確認方法は整備されているか。					
6-4	内部取引の不一致時の手続は整備されているか。					

ヒアリングによる評価

第4章

問題発見のための会計

第4章

問題発見のための会計

> **学習のねらい**
>
>   計算書類あるいはそれ以外の財務値から、経営管理において有益な経済的情報を提供する会計分野を管理会計という。管理会計の分野のうち、「問題発見のための会計」といわれる財務分析の代表的な指標を学び、指標の意味するところを具体的な数値を使い理解する。

第1節 | 経営管理のための会計

1 制度会計と管理会計

　通知で定められた一定の会計ルールと様式で計算書類を作成する会計分野を制度会計といい、計算書類あるいはそれ以外の財務値から経営管理において有益な経済的情報を提供する会計分野を管理会計という。制度会計の主たる目的は、ディスクロージャー、すなわち法人の利害関係者に財政状態及び業績を開示することである。利害関係者に開示する情報の質を担保するという意味で、一定の会計ルールと様式が必要になり、それらは通知化されている。他方、管理会計の主たる目的は、経営管理において有益な経済的情報を提供することであり、そのための理論と技術が必要になる。

2 経営管理者と管理会計

　計算書類を作成することは、法令、通知等で定められた社会福祉法人の義務である。他方、経営管理者が有益な経済的情報を活用し経営管理をすることは、法令、通知等で定められた義務ではなく、経営管理者の職能である。経営管理者の職能プロセスは、意思決定、計画、組織

表4-1 制度会計と管理会計

会計の分野	制度会計	管理会計
機　　能	計算書類を作成	有益な経済的情報を提供
目　　的	ディスクロージャー	経営管理
必要条件	一定の会計ルールと様式が必要	理論と技術が必要

化^(注1)、統制である^(注2)。経営管理者の職能プロセスの各局面におい
て有益な経済的情報を提供することが管理会計であり、問題発見のため
の会計、業績管理のための会計、経営意思決定のための会計、経営戦略
実行のための会計がある。

注1
組織化とは、業務を個人に
割当て、業務遂行の権限と
責任を委譲することをいう。
注2
岡本清他著『管理会計』第
2版、中央経済社　8頁参
照。

3　問題発見のための会計

　問題発見のための会計とは、主に、意思決定という経営管理者の職能
プロセスにおいて、計算書類分析により、法人の現状と問題点を把握す
ることをいう。法人の現状と問題点は、収益性に関する分析（収益性分
析）、財務の安全性に関する分析（安全性分析）、一人当たりの指標に関
する分析（生産性分析）を行うことにより把握することができる。

4　業績管理のための会計

　業績管理のための会計とは、主に、計画と統制という経営管理者の職
能プロセスにおいて、予算編成と予算統制を行うことをいう。予算編成
においては、業務量、費用、利益の関係に関する分析（CVP分析）
が、予算統制においては、業績測定と予算と実績の差異の分析（予算差
異分析）が行われる。

5　経営意思決定のための会計

　経営意思決定のための会計とは、主に、意思決定という経営管理者の
職能プロセスにおいて、意思決定に有益な経済的情報を提供することを
いう。新規事業の実施、あるいは既存事業の廃止に関する業務的意思決
定に有益な経済的情報を提供すること、設備投資計画の採択に関する意
思決定に有益な経済的情報を提供すること等がある。

6　経営戦略実行のための会計

　経営戦略実行のための会計とは、経営戦略目標を達成するために鍵と
なる指標（以下、「パフォーマンス・ドライバー」という）は何かを発
見し、経営戦略目標とパフォーマンス・ドライバーを有機的に関連づ
け、それらを組織メンバーに示すことをいう。経営戦略目標、成果の指
標、パフォーマンス・ドライバーの有機的関連を示し、管理するツール
としては、バランスト・スコアカード^(注3)がある。以上の経営管理者
の職能プロセスと管理会計の理論と技術の関係を図示すると表4-2にな
る。

注3
ハーバード・ビジネス・ス
クールの会計学担当教授
Robert S.Kaplan と David
P.Norton が開発したマネ
ジメント・システム。

表 4-2　管理会計と経営管理者の職能プロセス

経営管理者の職能プロセス	管理会計の目的	管理会計の理論と技術	
意思決定	問題発見のための会計	収益性分析	安全性分析等
	経営意思決定のための会計	業務的意思決定	設備投資意思決定
計画と統制	業績管理のための会計	予算編成	CVP 分析
		予算統制	予算差異分析
組織化			

経営戦略実行のためのツール（バランスト・スコアカード等）

7　社会福祉法人の財務諸表等電子開示システムにおける指標

　福祉医療機構の「社会福祉法人の財務諸表等電子開示システム」においては、次頁の表 4-3 の指標の平均値、中央値が公表されている。網掛けした代表的な指標について、その意義と経営管理への役立て方を、次節以降で解説する。

表 4-3　「社会福祉法人の財務諸表等電子開示システム」における指標

			経営指標	指標算式	指標の意味
経営状態	収益性		サービス活動増減差額率	サービス活動増減差額　÷　サービス活動収益計（%）	サービス活動収益に対するサービス活動増減差額の割合である。
			経常増減差額率	経常増減差額 ÷ サービス活動収益計（%）	本指標は、法人の収益性を理解する上での基本的な指標である。
			職員一人当たりサービス活動収益	サービス活動収益計　÷　総職員数	職員一人当たり、どの程度の事業収益を得ているかを示し、収益獲得の効率性の理解に資する指標である。
	安定性	短期安定性	流動比率	流動資産　÷　流動負債　（%）	本指標は、短期支払義務に対する支払能力を示す指標である。
			当座比率	現金預金　÷　流動負債　（%）	現金預金による支払能力を示す指標である。
			現金預金対事業活動支出比率	現金預金　÷　（事業活動支出計÷12）（か月）	現金預金残高が、事業活動支出の何か月分に相当するかを示す指標である。
	継続性	長期継続性	純資産比率	純資産　÷　総資産　（%）	借入金など負債に対する安全度を見る指標である。
			純資産比率（正味）	（純資産−国庫補助金等特別積立金）÷（総資産−国庫補助金等特別積立金−将来入金予定の設備資金借入金償還金）	純資産及び総資産に含まれる国庫補助金等特別積立金残高の影響を除外して、借入金など負債に対する安全度を見る指標である。
			固定長期適合率	固定資産　÷　（純資産＋固定負債）（%）	固定資産の整備に関わる資金調達のバランスを示す指標である。
			固定比率	固定資産　÷　純資産　（%）	固定資産の整備に関わる資金調達のバランスを示す指標である。
			借入金比率	借入金残高合計　÷　総資産（%）	総資産に対して借入金残高がどの程度あるかを示す指標である。
		資金繰り	借入金償還余裕率	借入金元利払額　÷　事業活動資金収支差額　（%）	法人にとっての元利金返済の負担の大きさを示す指標である。
			借入金償還余裕率（正味）	補助金収入控除前借入金元利払額　÷（事業活動資金収支差額−借入金利息補助金収入）（%）	補助制度の見直しによって、補助金が支給されないとした場合の元利金返済の負担を示す指標である。
			債務償還年数	借入金残高合計　÷　事業活動資金収支差額　（年）	当期の資金収支差額を基準とした場合に、法人の借入金残高を事業活動資金収支差額で完済するために必要と考えられるおおよその期間を示す指標である。
			事業活動資金収支差額率	事業活動資金収支差額　÷　事業活動収入計　（%）	当年度の事業活動による資金収入と資金支出のバランスを示す指標である。
			事業未収金回転期間	事業未収金　÷　（サービス活動収益計　÷　12）（か月）	事業未収金回転期間は、サービスを提供してから対価としての債権を回収するまでにかかる期間を示した指標である。
			事業未払金回転期間	事業未払金　÷　{（事業費　＋　事務費　＋　就労支援事業費用　＋　授産事業費用）　÷　12)}（か月）	事業未払金回転期間はサービスの提供を受けてから債務を支払うまでにかかる期間を月数で示した指標である。
	合理性	費用	人件費率	人件費　÷　サービス活動収益計　（%）	サービス活動収益に対する人件費の割合である。
			人件費・委託費比率	（人件費＋業務委託費）　÷　サービス活動収益計　（%）	サービス活動収益に対する人件費と業務委託費の合計の割合である。

			経営指標	指標算式	指標の意味
経営状態	合理性	費用	事業費比率	事業費 ÷ サービス活動収益計 （％）	サービス活動収益に対する事業費の割合である。
			事務費比率	事務費 ÷ サービス活動収益計 （％）	サービス活動収益に対する事務費の割合である。
			支払利息率	支払利息 ÷ サービス活動収益計 （％）	サービス活動収益に対する支払利息の割合である。
			付加価値率	付加価値 ÷ サービス活動収益計 （％）	サービス活動収益に対する付加価値の割合である。
			減価償却費比率	減価償却費 ÷ サービス活動収益計 （％）	サービス活動収益に対する減価償却費の割合である。
			国庫補助金等特別積立金取崩額比率	国庫補助金等特別積立金取崩額 ÷ 減価償却費 （％）	減価償却費に対する国庫補助金等特別積立金取崩額の割合である。
		資産	正味金融資産額	現金預金＋有価証券＋定期預金＋投資有価証券＋○○積立資産（合計）－運営資金借入金 （千円）	法人の保有する金融資産の純額である。
			固定資産老朽化率	減価償却累計額 ÷ 有形固定資産（土地を除く。）取得価額 （％）	社会福祉法人の有する施設設備の老朽化状況を示す指標である。
			正味金融資産額・減価償却累計額比率	正味金融資産額 ÷ 減価償却累計額 （％）	減価償却累計額に対する「正味金融資産額」の割合である。
			総資産経常増減差額率	経常増減差額 ÷ 総資産 （％）	本指標は、社会福祉法人が保有する資産に着目した指標であり、保有する資産が有効に活用されているかという観点から、社会福祉法人の事業の効率性と収益性を同時に示す指標である。
	効率性		事業用固定資産回転率	サービス活動収益 ÷ 事業用固定資産合計帳簿価額 （％）	本指標は、事業の効率性を示す指標であり、社会福祉法人が保有する事業用固定資産の活用に着目した指標である。
経営自立性			自己収益比率	（サービス活動収益計－（各事業の）補助金事業収益（合計）－経常経費寄附金収益） ÷ サービス活動収益計 （％）	本指標は、どの程度補助金や寄附金に依存せずに経営されているかを示す指標である

出典：社会福祉法人の現況報告書等の集約結果（2018 年度版）経営指標をもとに筆者作成

第2節　問題発見のための会計1（収益性分析）

1　比較による現状と問題を把握

　これから記載する各種分析指標は、算出することに意義があるのではない。比較をすることにより、現状と問題を把握できるのであるから、必ず比較が行われなければならない。比較は、次の3つの視点のいずれかで行う^(注4)。

❶現在と過去数年間との比較
❷計画（または予測）と実績の比較
❸競争相手（同業者・同種施設）との比較

　また、管理会計が採用する財務情報の多くは計算書類の中にあり、分析のための数値を改めて算出する必要はない。

注4
本稿では、同業者との比較
を例として示す。

2　PL のサービス活動収益に対する割合の指標

（1）経常増減差額率

　サービス活動収益に対する経常利益の割合を示し、高いほどよい、とされる。過年度に比べて改善した場合、悪化した場合ともに、その原因が、収益の増減にあるのか費用の増減にあるのかの要因を分析することが、現状と問題を把握する上では大切である。下記の例では、経常増減差額の絶対値、経常増減差額率ともに、B 法人が A 法人を上回っているため、収益性が高いと判断される。経常増減差額率を改善するためには、経常増減差額の絶対値を上げる、サービス活動収益を下げる政策が必要になるが、サービス活動収益を下げるという判断が行われることは少ない。サービス活動収益が増加しているにもかかわらず、経常増減差額率が減少しているようなケースでは、事業毎の採算性に改善すべき部分があることに着目する必要がある。

経常増減差額率

$$\text{PL}^{(注5)}【経常増減差額】\div \text{PL}【サービス活動収益計】\times 100$$

経常増減差額率の比較

〔A 法人〕	〔B 法人〕
$\dfrac{14,953\ 千円}{575,313+19,317\ 千円}\times100=\ 2.5\%$	$\dfrac{53,471\ 千円}{722,573+0\ 千円}\times100=\ 7.4\%$

（2）経常増減差額率を分解するための指標

　サービス活動収益に対する経常利益の割合の要因を把握するために
は、下記の費用割合に分解する必要がある。経常増減差額率の増減の要
因が下記の費用割合のどこにあるか、各費用割合を過去の比率と比較す
ることにより容易に把握可能である。

人件費率

$$\text{PL}【人件費】\div \text{PL}【サービス活動収益計】\times 100$$

事業費率

$$\text{PL}【事業費】\div \text{PL}【サービス活動収益計】\times 100$$

事務費率

$$\text{PL}【事務費】\div \text{PL}【サービス活動収益計】\times 100$$

減価償却費率

$$\text{PL}【減価償却費】\div \text{PL}【サービス活動収益計】\times 100$$

3　BS の総資産、純資産に対する割合の指標

（1）総資産経常増減差額率

　法人経営のために投入された全ての資産に対する経常利益の割合を示
し、高いほどよい、とされる。総資産を事業に投下した元本ととらえ、
どれだけの成果（利回り）を達成しているかを示す指標である。次頁の
例では、経常増減差額の絶対値、総資産経常増減差額率ともに、B 法人

がA法人を上回っているため、収益性が高いと判断される。総資産経常増減差額率を改善するためには、経常増減差額の絶対値を上げる、もしくは総資産額を下げる政策が必要になるが、この指標においては、総資産額に着目する必要がある。総資産額は、多ければよいというものではなく、収益額との比較で適正な総資産額を目標とすることが大切である。総資産額が多いということは、資産の中身にもよるが、高コストオペレーションとなっている場合があり、収益性を下げる一因にもなっている。

総資産経常増減差額率

$$\text{PL【経常増減差額】} \div \text{BS}^{(注6)}\text{【総資産】} \times 100$$

総資産経常増減差額率の比較

〔A 法人〕 $\dfrac{14{,}953\ \text{千円}}{1{,}312{,}714\ \text{千円}} \times 100 = 1.1\%$　　　〔B 法人〕 $\dfrac{53{,}471\ \text{千円}}{1{,}653{,}757\ \text{千円}} \times 100 = 3.2\%$

第3節 | 問題発見のための会計2（生産性分析）

1　生産性分析

（1）生産性とは

　生産性とは、財務数値を従事者一人当たりの指標として示すものであり、各従事者に業務の効率性をわかりやすく示すことができる指標である。生産性の指標は「従事者一人当たりの○○」として示され、分母が従事者数、○○が分子という算式が基本となる。○○に分析したい項目を置くことにより、分析したい項目と従事者の関係が数値化される。○○には、「サービス活動収益」「人件費」「経常増減差額」等の財務数値が採用される場合が多い。

（2）従事者数

　生産性分析は、従事者数をどのように算定するかにより指標が大きく異なってくる。常勤職員と非常勤職員が混在する社会福祉法人にあっては、従事者数を常勤職員と非常勤職員の単純合計とするよりは、非常勤職員の従事時間を常勤職員の従事時間に換算した、いわゆる常勤換算数を採用すべきであろう。

2　各種生産性指標

（1）一人当たり経常増減差額（年間）

> PL【経常増減差額】÷【従事者数】

　従事者一人当たりの経常増減差額、すなわち従事者一人当たりの事業利益を示す。業務の効率性を示す代表的な指標である。業務の効率性の良し悪しの要因、なぜ一人当たり経常増減差額が改善したか、あるいは悪化したかを把握するためには、収益と費用に関する生産性の分析が必要となる。

（2）一人当たりサービス活動収益（年間）

> PL【サービス活動収益計】÷【従事者数】

　従事者一人当たりの年間サービス活動収益、すなわち従事者一人当たりの生産高を示す。サービス活動収益の範囲で留意すべきは「経常経費

補助金」であろう。経常経費補助金は、業務との直接的関連性があるためサービス活動収益に含めるべきであるが、経常経費補助金を含めたサービス活動収益と経常経費補助金を含めないサービス活動収益の一人当たりサービス活動収益を比較することにより、より有意の指標が得られる。

（3）一人当たり人件費（年間）

> PL【人件費－退職給付引当金戻入＋同繰入－賞与引当金戻入
> ＋同繰入】÷【従事者数】

　従事者一人当たりの人件費、すなわち従事者一人当たりのコストを示す。常勤職員と非常勤職員の給与構成（月給と時間給）が異なるので、常勤職員と非常勤職員別に、一人当たり人件費を分析すれば、より有意の指標が得られる。人件費の範囲は、給与、各種手当、拠出型の退職共済掛金、退職金、法定福利費が含まれ、福利厚生費は業務との直接的関連性が薄いので含めない場合が多い。退職給付引当金、賞与引当金においては、引当金の戻入が控除され、繰入額が加えられ、いわゆる現金支出ベースではなく原価要因発生ベースで把握することに留意が必要である。

3　　生産性の比較

（1）生産性の他社比較

　生産性についても過去との比較、計画との比較、同業者との比較などの比較を行うことが必要である。A、B両法人の生産性に関する比較を例にすると次のことがいえる（表4-4）。すなわち、一人当たり経常増減差額はB法人がA法人を上回っており、要因は一人当たりサービス活動収益、一人当たり人件費ともにB法人がA法人よりも事業効率性という点で上回っているからである。

表 4-4　生産性の他社比較

	A 法人	B 法人
従業者数（名）	100	115
サービス活動収益	673,746	790,200
一人当たりサービス活動収益	6,737	6,871
人件費	424,399	412,548
一人当たり人件費	4,244	3,587
経常増減差額	14,953	53,471
一人当たり経常増減差額	150	465

（2）事業計画への応用

　生産性分析は問題発見のための分析技術ではあるが、事業計画を作成する段階でも活用できる。たとえば、人員計画を作成する際には、従事者を 1 名増やす、あるいは減らすことにより各種の効率性の指標はどのように変化するのかがわかり、人事計画のシミュレーション時には有意の指標となる。

（3）一人当たりサービス活動収益の限界

　次のような例を考えてみよう。B 法人は、業務を外部委託することにより、サービス活動収益を飛躍的に増加させたが、A 法人は、法人職員による業務にこだわり、サービス活動収益は横ばいである。一人当たりサービス活動収益に関する生産性は B 法人のほうが高い、という評価がでる。しかし、この評価は正しいだろうか？　より高い価値を生み出しているのは A 法人ではないだろうか？　そこで付加価値という概念が必要になる。

（4）福祉サービスの質の評価

　生産性の分析の指標における、平均従事者数を平均利用者数におきかえると福祉サービスの質の評価に関する指標となる。福祉サービスを提供するための適切な経営資源が投下されているか、逆に投下しすぎて効率性を棄損していないか判断する指標である。

第 4 節 | 問題発見のための会計 3（付加価値）

1　付加価値

（1）付加価値とは

　付加価値とは、個別企業が国民経済へ新たに付け加えた価値貢献額である[注7]。事業活動に置きなおして考えると、付加価値とは、サービス活動収益から外部から購入した材料やサービスを除外し、個別企業が労働や設備手段により加工して新たに付加した価値といえる。

注 7
安藤英義他編『会計学大辞典』第 5 版、中央経済社 1182 頁

（2）付加価値の計算方法

　付加価値の計算はいくつかあるが、日本銀行統計局「主要企業経営分析」では、次の算式を挙げている。

日本銀行統計局の付加価値額

> 付加価値額＝経常利益＋人件費＋金融費用＋賃借料＋租税公課[注8]

注 8
減価償却費を加算する場合もあり、その場合には粗付加価値という。減価償却費を加算する背景には、企業により異なる減価償却費の計算方法の影響を排除しようという考え方がある。

　この算式から、付加価値の「新たに付加した価値」の意味を捉えると、経常利益は株主又は企業へ、人件費は従事者へ、金融費用（利子等）は金融機関へ、賃借料は地主へ、租税公課は社会へとそれぞれ分配される額を示す。

（3）社会福祉法人への応用

　経常利益は社会福祉法人の PL における経常増減差額が該当する。社会福祉法人の場合には、株主への配当ということがないので、法人へ内部留保される金額といえる。人件費は、PL における人件費が該当する。金融費用は、PL における支払利息が該当するが、借入金利息補助金収益がある場合には控除すべきであろう。賃借料は、土地建物の賃借料と捉えるべきである。社会福祉法人の PL において、賃借料にはリース料が含まれるが、リース料は外部から購入したサービスなので付加価値には含まれない。租税公課は、PL 上の事務費における租税公課が該当する。日本銀行統計局の算式を社会福祉法人の PL に置き換えると次のようになる。

社会福祉法人の付加価値額

> 付加価値額＝経常増減差額＋人件費＋（支払利息－借入金利息
> 補助金収益）＋賃借料（土地、建物賃借料に限る）＋租税公課

（4）経営目標としての付加価値額

　経営管理目標として付加価値額を採用する場合には、厳密な意味での付加価値額にこだわる必要はない。外部公表用の資料ではなく、経営管理者が目標として採用する数値は各法人の経営の考え方が反映されたものであればよく、（3）で記載した社会福祉法人の付加価値額のなかで、重要性の乏しいもの、管理不能なものは切り捨てた簡便な付加価値額を採用すれば問題の単純化にも資する。例えば、（支払利息－借入金利息補助金収益）は社会福祉法人にとって管理不能であり、土地、建物が自前であることが原則とされていた社会福祉法人にとって賃借料（土地、建物賃借料に限る）は僅少であることが想定されるし、法人税等が原則非課税とされる社会福祉法人にとって租税公課も僅少であることが想定される。これら、重要性の乏しいもの、管理不能なものを切り捨てた簡便な付加価値額は次のようになる。

社会福祉法人の付加価値額（簡便版）

> 付加価値額＝経常増減差額＋人件費

　この付加価値額（簡便版）では、付加価値の「新たに付加した価値」の意味を、経常利益は社会福祉法人の内部留保へ、人件費は従事者へ、それぞれ帰属する金額と示す。管理不能なものを切り捨てた付加価値額となり、経営管理者が目標として採用する数値とすることができる。

2　社会福祉法人の付加価値額（簡便版）の活用例

（1）一人当たり付加価値額（年間）

> PL【付加価値額（人件費＋経常増減差額）】÷【平均従事者数】

　従事者一人当たりの付加価値、すなわち従事者一人当たりの人件費と経常増減差額を示す。一人当たり経常増減差額を経営目標とする場合と一人当たり付加価値額を経営目標とする場合では次のような差異がある。一人当たり経常増減差額を高めるには、人件費を削減すればできるが、人員リストラによる利益出しのように、一人当たり付加価値額が下

がる場合がある。

（2）一人当たり経常増減差額との比較

　前問で活用した A，B 法人の生産性の比較表に一人当たり付加価値額を付け加えると次のようになる（表4-5）。一人当たり経常増減差額の生産性は B 法人が高いが、一人当たり付加価値額は A 法人が高い。一人当たり付加価値額を高めるには、人件費を削減すれば可能というわけではなく経営管理の難易度は高いが、付加価値額を経営目標とすることは従事者の共感も得やすい。

表4-5　一人当たり付加価値額と一人当たり経常収支差額

	A 法人	B 法人
従業者数（名）	100	115
サービス活動収益	673,746	790,200
一人当たりサービス活動収益	6,737	6,871
人件費	424,399	412,548
一人当たり人件費	4,244	3,587
経常増減差額	14,953	53,471
一人当たり経常増減差額	150	465
付加価値額	439,352	466,019
一人当たり付加価値額	4,394	4,052

第 5 節 ｜ 問題発見のための会計 4（安全性分析）

1　安全性分析

（1）安全性とは

　財務分析における安全性とは、債務の返済能力、あるいは支払能力を意味する。債務の返済能力が高いときに、安全性が高いとされる。安全性の分析は、短期の運転資金の支払能力に焦点をあてた短期安全性分析と、借入金等の長期資金の返済能力に焦点をあてた長期安全性分析の 2 つに大別される。

（2）短期安全性分析

　管理会計において短期安全性分析の指標として代表的なものは、当座比率である[注9]。

注9
当座資産の代わりに流動資産を分子とする流動比率も代表的な指標とされるが、棚卸資産残高が僅少である社会福祉法人の場合には当座比率が代表的な指標と考えられる。

当座比率

> 当座比率＝BS【当座資産（預金＋未収金）】÷BS【流動負債】
> 　　　　×100

　当座資産は、流動負債の支払財源として短期間で現金化できる預金と未収金をいう。当座比率は 100% 以上あることが望ましい。各種積立預金が計上されている社会福祉法人においては、預金の範囲をどのように捉えるのかがポイントとなる。各種積立預金は、人件費積立特定預金等の短期の運転資金に充当されること、各種積立預金を積立するしないにより当座比率が大きく変わってくることから、預金を流動資産の預金と固定資産の各種積立預金の合計として把握するほうが、時系列比較、同業比較をする際には有意である。したがって社会福祉法人の当座比率は次のように捉えることが望ましい。

社会福祉法人の当座比率

> 当座比率＝BS【当座資産（流動資産の現金預金＋固定資産の
> 　　　　○○積立預金＋未収金）】÷BS【流動負債】×100

（3）長期安全性分析

　管理会計において長期安全性分析の指標として代表的なものは、長期資金適合率である（注 10）。

注 10
固定長期適合率ともいう。

長期資金適合率

> 長期資金適合率
> ＝BS【純資産＋固定負債】÷BS【固定資産】×100

　この比率は、多額の固定資産を要する事業の場合、固定資産を純資産だけで調達することは無理があるので、純資産に固定負債を加えた長期資金で固定資産を調達できているか否かを判断する比率である。この比率が 100% 未満である場合、流動負債の一部が固定資産の調達に使用されていることを意味するので、100% 以上でなければならない。なお、固定資産のうち減価償却資産は取得価額ではなく、減価償却後の帳簿価額が採用される。減価償却費は純資産の減少項目として反映されているからである。

　福祉医療機構の「社会福祉法人の財務諸表等電子開示システム」においては、固定長期適合率という指標を紹介しており、この場合、長期資金適合率とは、分母と分子が入れ替わる。

　指標の評価としては、100% 以下でなければならない。

固定長期適合率

> 固定長期適合率
> ＝BS【固定資産】÷BS【純資産＋固定負債】×100

2　キャッシュ・フローを反映した安全性の判定

（1）キャッシュ・フローと返済能力

　1 で記載した安全性分析は管理会計では伝統的に採用されている比率であるが、お気づきのようにすべて BS の財務値が用いられている。そもそも、財務分析における安全性とは、債務の返済能力、あるいは支払能力を意味するものであるから、キャッシュ・フローを反映した指標のほうが返済能力をより的確に示しているともいえる。

（2）短期の運転資金の支払能力

　事業年度における資金の流れをキャッシュ・フローという。短期の運

転資金の支払能力をキャッシュ・フローから判定するには特別の指標はいらない。CF^(注 11) における事業活動資金収支差額をみればよい。事業活動資金収支差額が正であれば、事業活動における運転資金に余剰が生まれている状態を示し、事業活動資金収支差額が負であれば、事業活動における運転資金に不足が生じている状態を示している。

（3）借入金等の長期資金の返済能力

　キャッシュ・フローから借入金等の長期資金の返済能力を示す指標としては債務償還年数がある^(注 12)。

債務償還年数

> **債務償還年数＝BS【有利子負債】÷CF【事業活動資金収支差額^(注 13)】**

　債務償還年数とは、事業活動における運転資金の余剰で借入金を返済したら何年で返済する能力があるかを示す。短いほど債務償還能力が高く、概ね 10 年以内が目安といわれる。

　金融機関では借り手の返済能力を判断する重要な指標とされる。

3　　資金繰りを好転させるための指標

　「勘定合って、銭足らず」という言葉は、利益が出ているが（勘定合って）、運転資金が足りない（銭足らず）という経営状況を示している。まことに示唆に富む言葉で、PL の利益が計上されるということと、CF の運転資金が増加することとは別物であるということを示唆している。原因は、サービス活動収益が回収される日数より、サービス活動費用が支出される日数が短いからである。逆に、後者が前者より長い場合には、赤字であっても運転資金は増える。かかる、日数の分析を回転期間分析という。

（1）回転期間分析

　サービス活動収益が回収されるのに何か月を要しているか（事業未収金回転期間）、サービス活動費用が支出されるのに何か月を要しているのか（事業未払金回転期間）を示す。資金効率という視点では、回収日数より支払日数が長いほうが望ましい、すなわち事業未収金回転期間≦事業未払金回転期間がよい。社会福祉法人のサービス活動収益は概ね入金サイトが決められているが、支払期限は社会福祉法人に決定の余地があり、事業未払金回転期間を事業未収金回転期間に近づける等の施策は

可能である。未収金残高には未収補助金を含めて計算しないこと、また
サービス活動収益には補助金収入や寄附金収入等を含めて計算しないこ
とに留意する必要がある[注14]。

事業未収金回転期間

> BS【未収金残高】÷ PL【サービス活動収益計÷12 か月】

事業未払金回転期間

> BS【未払金残高】÷ PL【サービス活動収益計÷12 か月】

注 14
表4-3の事業未払金回転期
間の分母は「事業費等」と
記載されている。正味回転
期間の値を算出するのが目
的なので未収金、未払金の
回転期間の分母が統一され
ている必要がある。そのた
め、本稿では未払金の回転
期間の算出において、分母
を「サービス活動収益計」
とした。

第 6 節 ┃ キャッシュ・フローモデル

1　CF の経営情報

　CF（資金収支計算書）は会計年度（1 年間）における支払資金の増減を計算するもの、とされる。社会福祉法人の支払資金は、運転資金の支払いに充てることが可能な資金とされ、下記のように定義されている。CF の末尾にて示される「当期末支払資金残高」が、支払資金であり、繰越金と表記されることもある。

> 支払資金 ＝ 流動資産（徴収不能引当金控除前、棚卸資産、1 年以内振替資産を除く）－ 流動負債（引当金、1 年以内振替負債を除く）

　経営管理者が CF から読み取るべき経営情報は 2 点ある。1 点は、支払資金の増減（「当期資金収支差額合計」として示される。）と残高（「当期末支払資金残高」として示される）である。2 点目は、支払資金の増減の構造、モデルである。資金構造といってもよい。CF は、資金構造を「事業活動による収支」、「施設整備等による収支」、「その他の活動による収支」の 3 つで表現している。

2　CF の構造

（1）事業活動による収支

　事業活動による収入には、事業活動による対価として、介護保険収入、措置費収入等が含まれる。事業活動による支出には、人件費支出、事務費支出、事業費支出が含まれ、事業活動による収入と事業活動による支出の差額として示される「事業活動資金収支差額」は、事業活動による資金上の良し悪しを示す。

（2）施設整備等による収支

　施設整備とは、固定資産の取得であり、施設整備等による収入には、施設整備等補助金収入、施設整備等寄附金収入が含まれる。施設整備等による支出には、事業を実施する基盤整備のための固定資産取得支出が含まれる。施設整備のための補助金収入が、固定資産取得支出を上回ることは通常ないので「施設整備等資金収支差額」は、通常マイナスであ

る。

（3）その他の活動による収支

　その他の活動とは、預金の積立・取崩と借入とその返済であり、その他の活動による収入には、長期運営資金借入金収入、積立預金取崩収入が含まれている。その他の活動による支出には、長期運営資金借入金元金償還金支出、積立預金積立支出が含まれている。資金に余裕のある事業体は、借入金の返済が借入金収入を上回る、あるいは将来の事業計画のために積立預金を積み立てるという特徴があり、その他の活動による収入と支出の差額であるその他の活動資金収支差額はマイナスとなる。逆に、資金に余裕のない事業体は、借入金収入が借入金の返済を上回る、あるいは過去の積立預金を取り崩すという特徴があり、その他の活動による収入と支出の差額であるその他の活動資金収支差額はプラスとなる。

3　CF の構造の良否

　経営管理者には、当期資金収支差額の絶対値よりも、CF の構造がより重視されるべきである。

　図 4-1 の CF をもとにキャッシュ・フローモデルの良否を検討してみる。図 4-1 の CF を比較すると、当期資金収支差額は同額であるが、よいキャッシュ・フローモデルでは、事業活動資金収支差額がプラスで施設整備等資金収支差額とその他の活動資金収支差額がマイナスである。すなわち、事業活動により支払資金を 60 獲得し、設備投資に正味 25、その他の活動に正味 30 を支出したという資金活動が読み取れる。他方、わるいキャッシュ・フローモデルでは、事業活動資金収支差額と施設整備等資金収支差額がマイナスでその他の活動資金収支差額がプラスである。すなわち、事業活動の支払資金不足 30 と、設備投資の資金不足 25 を賄うために、その他の活動により正味 60 の資金を調達したという資金活動が読み取れる。

　図 4-1 の資金収支計算書は図 4-2 のように単純化したキャッシュ・フローモデルとして示すことができる。

図 4-1　資金収支計算書の比較

よいキャッシュ・フローモデル 【資金収支計算書】 RX.4.1.〜RX＋1.3.31.		
事業活動	収入	500
	支出	440
	事業活動資金収支差額	60
施設設備等	収入	5
	支出	30
	施設整備等資金収支差額	▲ 25
その他の活動	収入	10
	支出	40
	その他の活動資金収支差額	▲ 30
当期資金収支差額合計		5

わるいキャッシュ・フローモデル 【資金収支計算書】 RX.4.1.〜RX＋1.3.31.		
事業活動	収入	410
	支出	440
	事業活動資金収支差額	▲ 30
施設設備等	収入	5
	支出	30
	施設整備等資金収支差額	▲ 25
その他の活動	収入	100
	支出	40
	その他の活動資金収支差額	60
当期資金収支差額合計		5

図 4-2　キャッシュ・フローモデル

よいキャッシュ・フローモデル

わるいキャッシュ・フローモデル

4　キャッシュ・フローモデルに影響を与える指標

　キャッシュ・フローモデルの良否は、事業活動資金収支差額がプラスかマイナスかできまる。事業活動資金収支差額は、収益性の指標である経常増減差額率と債権債務の回転期間により決まる。これら２つの指標の改善に取り組むことにより、キャッシュ・フローモデルを改善することができる。

第 5 章

社会福祉法人における
予算管理

社会福祉法人における予算管理

第 1 節 制度上の予算管理

学習のねらい

　予算の意味と予算を作成あるいは運用していく上で順守しなければならないルールを理解する。また、予算の運用時には、予算の変更方法について理解することが必要となるので、変更の種類と意義について理解する。

1　制度予算と経営管理予算

　社会福祉法人においては、予算により経営管理を行うことが求められている。社会福祉法人定款例では、「この法人の事業計画書及び収支予算書については、毎会計年度開始の日の前日までに、理事長が作成し、〈例1：理事会の承認、例2：理事会の決議を経て、評議会の承認〉を受けなければならない。」と、予算の編成が求められている。また、「社会福祉法人会計基準の制定に伴う会計処理等に関する運用上の留意事項について」という通知では、「2. 予算と経理」において、「法人は、全ての収入及び支出について予算に編成し、予算に基づいて事業活動を行うこととする」と、予算への準拠について定めている。

　このような、社会福祉法人における予算は、国や自治体の予算の考え方、すなわち費用額の権威づけと費用限度額による管理を基本とし、制度としての予算管理（以下、「制度予算」とする）と位置付けられる。企業等で行われている予算管理は、国や自治体の予算の考え方とは異なり、計画、調整、統制という経営管理機能の実行として行われている（以下、「経営管理予算」とする）。第2節では、経営管理予算による経営管理上必要な予算の考え方を紹介する。

2　制度予算の意味

　社会福祉法人の運営の意思決定は、理事会が行う。しかし、理事会は会議体であるため、実際の事業の執行は理事長や施設長に委任せざるを

得ない。事業の執行を委任するためには、理事会から理事長や施設長に権限の委譲が行われなければならない。この権限の委譲を、施設の円滑な運営のための一定期間における収入と支出の見積もりという形で表現したものを、

　　予算

という。

3　予算の作成において準拠しなければならない 2 つの基準

　事業計画を数値化し、理事会から施設長に権限委譲したものが予算である。

　したがって、予算は、事業計画に基づき、勘定科目と金額により計数化して作成しなければならない。この基準を、

　　事業計画準拠主義

という。予算は、事業年度開始前に作成し、理事会において決議されなければならない、この基準を、

　　事前議決主義

という。

4　予算の変更方法

　予算は理事会から理事長または施設長への権限の委譲という意味をもつため、予算と実績が大きくかけ離れる可能性がある場合には予算を変更する必要がある。予算の変更は、例えば、天災により大規模修繕が必要になったとき、措置費単価が変更になったときなど、予算作成時に予定していなかった事象が発生したときに行われる。

　予算の変更には、

　　予算の補正

　　予算の流用

の 2 つの方法がある。さらに、予算の流用には、

　　予備費の流用

　　科目間流用

の 2 つがある。以上の関係をまとめると、図 5-1 のようになる。

図 5-1 予算の変更　概要図

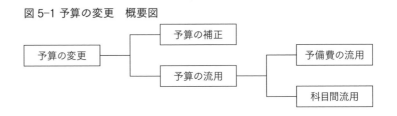

　予算の補正とは、当初予算の金額を理事会の承認を受けて変更することであり、事業計画の変更などに基づき行うものである。一方、予算の流用とは、当初与えられた予算枠を超えて事業を執行するときに、他の科目から予算枠を充当することである。

　予算の変更のうち、次の場合には補正で対処せざるをえない。

❶支出予算の総額を超過する場合

❷当初予算に想定していなかった事象（勘定科目）が発生した場合

　以上の場合を除けば、予備費の流用、科目間の流用で機動的に対処することができる。

5　流用の限度額

（1）予備費の流用

　先に述べたとおり流用の方法には、予備費の流用と科目間流用の 2 つがある。予備費とは、予測不可能な事象に対して一種の余裕額として設定されるものである。予備費流用の権限は理事長にある。定款例第 24 条備考欄において、理事長が専決できる日常の軽易な業務の例⑧として、

　予算上の予備費の支出

があげられている。

（2）科目間流用

　科目間の流用については限度額が定められているわけではないが、支出の大区分の科目を超えて流用することは望ましくない。科目間流用を無制限に認めると、権限委譲という予算の意義が損なわれるからである。例えば、事務費支出という大区分の科目のなかでの福利厚生費と旅費交通費の間での科目間流用は認められるが、事務費支出における福利厚生費と事業費支出の給食費との科目間流用は望ましくない、ということである。

第 2 節 ｜ 経営管理者としての予算管理

学習のねらい

　予算による経営管理の意義、体系及び基礎知識を習得することを
ねらいとする。

1　予算による経営管理

（1）予算管理

　計画、調整、統制といった経営管理機能を予算に即して言い換える
と、計画は予算の編成であるし、調整は予算の編成過程における各部署
間の整合性を図ることであるし、統制は予算実績差異分析を通じ是正措
置をとることである。このような、予算における一連の経営管理を予算
管理という。予算管理の目的は、計画設定、調整と伝達、動機づけと業
績評価とされる[注1]。

注1
Anthony, Robert N.
『Fundamentals of Man-
agement Accounting』

（2）計画設定

　予算は、事業計画を数値化し、各部署の責任として明確にする。計画
を責任化するという機能が予算管理のもっとも重要な役割である。各部
署の責任として明確にするというのは、サービス活動収益、利益の達成
目標としてとらえ、支出の権限を与えるということである。

（3）調整と伝達

　調整とは、組織目標を達成するために、経営資源を効率よく使用する
ことである。職員、資金といった限られた経営資源のなかで、各部署の
サービス提供計画を達成するためには、経営資源である職員の配置を最
適にする必要があるし、資金を事業間でバランスよく使用する必要があ
る。限られた経営資源だからこそ、調整とその過程での伝達が求められ
る。

（4）動機づけと業績評価

　予算自体が職員に動機づけをしてくれるわけではない。職員が予算管
理に参加することにより、自分がなすべきこと、期待されている役割を
自覚することが動機づけになるのである。業績評価は、過去との比較、

計画との比較の両面から行う必要があるが、とりわけ課題達成による評価という場合には、計画と実績の比較により行われる。事業計画に裏打ちされ、綿密に作成された予算であれば、事業計画の目標達成を測るものさしとして最適である。

2　予算の体系

　社会福祉法人は、制度予算においては資金予算のみ行えばよい、とされる。資金予算とは、資金収支計算書における予算であるが、事業活動計算書における予算を、損益予算という。資金予算と損益予算を作成するためには、個別予算が必要である。社会福祉法人においては、サービス活動収益予算、人件費予算、経費予算、設備費予算及び財務予算が必要である。サービス活動収益予算、人件費予算、経費予算については、特段の説明は必要がないが、設備費予算とは、設備投資に係る予算であり、財務予算とは借入金、積立預金に係る予算である。個別予算と資金予算、損益予算の関係は表 5-1 のとおりである。損益予算では設備投資に係る予算の代わりに減価償却予算が必要とされる。

表 5-1　予算の体系

損益予算	資金予算	個別予算
サービス活動収益予算	サービス活動収益予算	サービス活動収益予算
人件費予算	人件費予算	人件費予算
経費予算	経費予算	経費予算
減価償却予算	設備費予算	設備費予算
	財務予算	財務予算

3　経営管理予算の基礎知識

（1）変動予算と固定予算

　予算統制とは、計画と実績の差異を分析し、必要な是正措置をとることであるが、環境の変化により計画時に想定したサービス提供数から大きくかい離したサービス提供数となっているような場合には、計画値が目標としての意味を失う場合がある。変動予算とは、ある一定の範囲での変動するサービス提供数に対応して算定された予算である。一方、固定予算は当初計画したサービス提供数のみを前提とした予算である。変動予算が機能するのは、サービス提供数に応じて費用の発生が大きく異なる変動費の割合が高い事業である。制度予算においては、変動予算という考え方がなく、計画より大きくサービス提供数がかい離した場合には、予算の変更、すなわち補正予算を作成することになる。

(2) 基本予算と実行予算

　制度予算では、予算編成時の当初予算とその後の環境変化に対応した補正予算で予算管理を行うことが想定されている。経営管理予算では、当初予算に相当するものを基本予算、補正予算に対応するものを実行予算という。補正予算は、環境変化に対応した予算枠の変更という要素が大きく、また必ずしも作成が必要なものではない。一方、実行予算は、月次あるいは四半期毎に定期的に目標管理として機能する範囲での修正が行われる。

(3) 脱予算経営

　計画、調整、統制という経営管理機能の実行として行われる経営管理予算は、優れた経営ツールであるため世界的に長い歴史の間、採用されている。しかし、昨今は、脱予算経営ということも議論され、実際の組織経営の場で行われている。脱予算経営とは、①弾力性に欠ける、②時間とコストがかかる、③経営の速度についていけない[注2]という予算管理のもつマイナス面に着眼し、予算に変えてバランスト・スコアカード等の手法を採用し経営管理を行っていくというものである。

注 2
櫻井通晴著『管理会計』第4 版、同文館出版　218 頁から 219 頁参照

4　事業計画と予算の関係

　予算は、事業計画に基づいたものでなければならない。事業計画に基づかない予算では、予算により事業が管理できないからである。この点は、制度予算、経営管理予算ともに変わることはない。経営管理予算では、中長期の事業計画に基づいた単年度計画、中長期予算に基づいた単年度予算として制定される。この、中長期の事業計画と予算の必要性は、社会福祉法人においても社会福祉充実計画、社会福祉充実残額の実践として高まりつつある。

　事業計画と予算の関係は双方への働きかけがあるということも指摘しなければならない。一つは、事業計画に基づいた予算であり、二つは、予算の実行可能性が担保されない場合には事業計画の見直しが必要だということ、すなわち予算のフィードバック機能である。かかるように、事業計画と予算はインタラクティブに機能し、計画と予算の実行可能性の確度を高めていくのである。

　事業計画と予算（財務計画）の相関を表にすると図 5-2 のとおりになる。

図5-2　事業計画と予算の関係

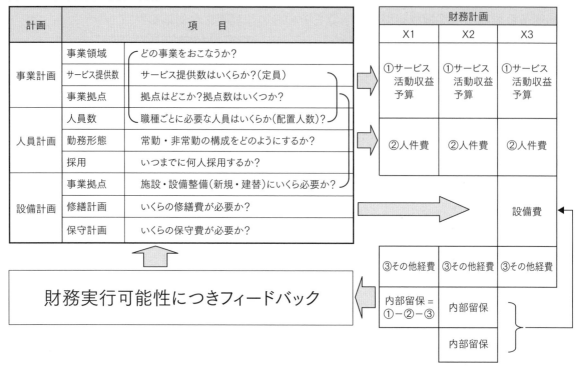

5　予算編成の基礎知識

（1）予算編成

　計画と統制という経営管理者の職能プロセスにおいて、予算編成と予算統制を行うことを業績管理のための会計という。予算編成においては、業務量、費用、利益の関係に関する分析が、不可欠である。業務量、費用、利益の関係を把握することで、「予算作成にあたり、どれだけの営業量（事業収入）を提供すべきか？」「収入と費用が均衡する営業量（事業収入）はいくらか？」及び「所要利益を獲得するためには、どれだけの営業量（事業収入）を提供すべきか？」といった予算編成時の課題も明確になる。

（2）CVP分析

　業務量、費用、利益の相関関係に関する分析をCVP分析[注3]と呼ぶ。

注3
CVPとは、Cost-Volume-Profitの略であり、総費用−営業量−利益の相関関係を示す。

図 5-3　CVP 関係図

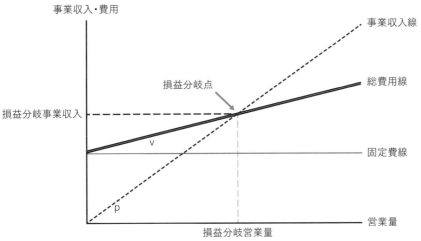

　横軸を営業量、縦軸を金額とすると図 5-3 のようになる。図には、事業収入線（点線）、総費用線（二重線）、固定費線（一本線）の 3 本の折れ線グラフが示される。CVP 分析のポイントは、費用には、営業量に比例して増減する費用（「変動費」という）と営業量に関係なく固定的に発生する費用（「固定費」）があるということに着眼している点である。すなわち、総費用を変動費と固定費にわけて把握している点である。

> **総費用＝変動費＋固定費**

（3）CVP 分析のための基本要素

　事業収入線は、横軸の営業量とサービス提供単価により推計することができる。ここでの営業量とは、福祉サービス提供量のことをいう。

> **S：事業収入＝サービス提供単価（p）×営業量（q）**

　総費用線は、固定費線（一本線）と変動費線の和であるが、固定費は営業量と相関関係がないため、横軸の営業量と水平になる。変動費線（総費用線と固定費線の差）は、事業収入同様に横軸の営業量と変動費単価により推計することができる。

> **V：変動費＝変動費単価（v）×営業量（q）**

　CVP 分析のための基本要素とは、サービス提供単価（p）、固定費、変動費単価（v）の 3 つである。

（4）収入と費用が均衡する営業量（事業収入）はいくらか

収入と費用が均衡する営業量を損益分岐点という。損益分岐点における営業量は、「収入と費用が均衡する」という関係に着目し、次のように求めることができる。

> S：事業収入＝総費用＝（V：変動費＋F：固定費）
> p×q＝TC＝v×q＋F

展開すると、次のようになる。

> q＝F／（p−v）
> 営業量＝固定費÷［サービス提供単価（p)−変動費単価（v)］

（5）所要利益を獲得するためには、どれだけの営業量（事業収入）を提供すべきか

所要利益（Mとする）を獲得するために必要なサービス営業量は、「収入と（変動費＋固定費＋所要利益の合計）が均衡する」という関係に着目し、次のように求めることができる。

> S：事業収入＝（V：変動費＋F：固定費＋M：所要利益）
> S＝V＋F＋M
> p×q＝v×q＋F＋M

展開すると、次のようになる。

> q＝（F＋M)／（p−v）
> 営業量＝（固定費＋所要利益）÷［サービス提供単価（p)
> 　　　　　　　　　　　　　　　　−変動費単価（v)］

（6）貢献利益

「収入と費用が均衡する営業量（事業収入）はいくらか？」あるいは、「所要利益を獲得するためには、どれだけの営業量（事業収入）を提供すべきか？」といった営業量を求める際には、「（サービス提供単価（p)−変動費単価（v))」が分母になっており、これを貢献利益という。貢献利益とは、事業収入から変動費を差し引いた残りであり、貢献利益が固定費を回収し利益をあげる原動力、といえる。

6 予算統制

(1) 予算統制

　予算統制とは、「月別に予算（目標）と実績とを比較し、実績が目標から大きく離れた箇所へ経営者の注意を向けさせ、差異の発生原因を調査し、経営改善の措置をとるという例外管理の手法である」[注4]、とされる。ここに、重要な経営管理の行動が示されている。第1に、「差異の発生原因を調査し」という点検・評価機能である。第2に、「経営改善の措置をとる」という処置・改善機能である。これら、2つの機能をPDCAサイクルでの位置づけを確認すると図5-4のようになる。

　すなわち、PDCAサイクルにおける計画機能が予算編成とすれば、点検・評価機能と処置・改善機能は、予算統制である。

(2) 予算管理責任者

　予算統制においては、予算差異分析結果を部門管理責任者と関連付ける必要があるため、組織部門と予算管理責任者が合致するような組織編成が必要である。また、予算統制を行う場、経営組織が必要である。予算統制を行う経営組織は、予算委員会等と呼称される場合があるが、予算管理責任者が協議する経営管理の場が必要、ということである。

注4
岡本清　他著『管理会計』第2版、中央経済社　130頁から引用。

図5-4　予算統制の PDCA サイクル

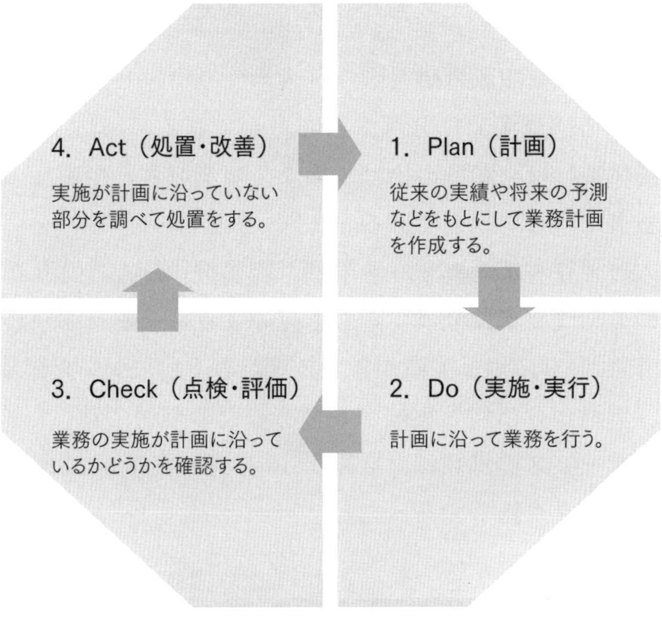

4. Act（処置・改善）
実施が計画に沿っていない部分を調べて処置をする。

1. Plan（計画）
従来の実績や将来の予測などをもとにして業務計画を作成する。

3. Check（点検・評価）
業務の実施が計画に沿っているかどうかを確認する。

2. Do（実施・実行）
計画に沿って業務を行う。

7　点検・評価機能と予算差異分析

（1）財務値と活動値

　「差異の発生原因を調査し」という点検・評価機能は予算差異分析の手法によっておこなわれる。予算差異分析とは、予算と実績の差異を、「予算実績差異」として把握することではない。「予算実績差異」という財務値を活動値に分解し、差異の要因を活動値として示すことである。

（2）予算差異分析例

　たとえば、表 5-2 のように、事業収入の予算 2,000 に対し、事業収入の実績が 1,800 であったとする。「予算実績差異」は、財務値では 200 となる。この差異 200 を事業収入の構成要素毎に分解することが、予算差異分析である。事業収入はサービス提供数とサービス単価の乗であるから、下記のように分解ができる。

事業収入＝サービス提供数×サービス単価

　さらに、サービス提供数の分解を検討すると、職員数と一人当たりサービス提供数の乗であるから、下記のように分解ができる。

サービス提供数＝職員数×一人当たりサービス提供数

事業収入＝職員数×一人当たりサービス提供数×サービス単価

　このように、事業収入は職員数、一人当たりサービス提供数、サービス単価の 3 つの構成要素に分解することができる。特に、「一人当たりサービス提供数」は生産性の指標であり、事業収入と生産性の関係が明らかになる点に着目すべきである。

　事業収入の予算実績差異 200 を単価、職員数、一人当たりサービス提供数の 3 つの構成要素に分解すると下記のようになる。すなわち、単価面では、計画が 10 に対し実績が 9 であるため不利に働いた差異が 1、職員数では、計画が 5 に対し実績が 6 であるため有利に働いた差異が 1、一人当たりサービス提供数は、計画が 40 に対し実績が 33.4 であるため不利に働いた差異が約 7 であった。

表 5-2　予算実績差異分析

予　算	事業収入 (2,000)	（単価 10×サービス提供数 200）		
		単価 10	職員数 5×一人当たりサービス提供数 40	
			職員数 5	一人当たりサービス 提供数 40

実　績	事業収入 (1,800)	（単価 9×サービス提供数 200）		
		単価 9	職員数 6×一人当たりサービス提供数 33.4	
			職員数 6	一人当たりサービス 提供数 33.4

差異分析		計画	実績	有利（不利）差異
	単　価	10	9	(1)
	職員数	5	6	1
	一人当たり サービス 提供数	40	33.3	(7)

(3) 管理可能差異と管理不能差異

　予算差異は、構成要素ごとに有利差異と不利差異に分析することが重要である。さらに、予算管理責任者の処置・改善機能を促すという面では、差異が予算管理責任者にとって管理可能か否かという視点で分析することが必要である。予算統制は例外管理の手法であるから、予算管理責任者が処置・改善すべき対象は、不利差異のうち管理可能な差異に限られる。不利差異は、単価面で 1、一人当たりサービス提供数で約 7 であった。この不利差異のうち単価が介護報酬単価のように制度上決まっているものであれば、単価差異は管理不能差異とされ、経営管理者の処置・改善すべき対象は一人当たりサービス提供数の不利差異、ということになる。

第 3 節 | 中期予算の編成

1　中期予算の編成方法

（1）単年度予算編成との違い

　単年度予算編成は、具体的な取引の積み上げにより編成するのが一般的であるが、中期予算編成は目指すべき姿にいかに近づけるかに主眼がおかれる。単年度予算は予算管理を前提に詳細に設定されるが、中期予算は大綱として設定される、といった違いがある。本稿では、目指すべき中期予算の姿を描き、実現するための課題を中期事業計画に織り込むといった中期予算と中期計画作成の手法を紹介する。手順を図にすれば、概ね図 5-5 のような手順となる。

（2）予算編成単位

　次に述べるプロセスは、PL の構造を把握することが大切であるから法人全体の PL より、各拠点別に編成すべきと考える。拠点別の PL 構造が異なるからである。

図 5-5　中期予算編成のステップ

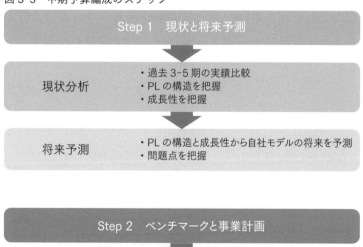

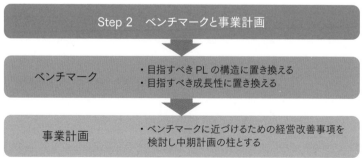

（3）現状分析

　現状分析は、過去 3-5 期の実績を比較し、PL の構造すなわち費用割合と事業の成長性を把握するプロセスである。主たる分析の項目は次の 3 つである。

❶サービス活動収益の成長性分析（成長性比率）

❷人件費、事務費、事業費の対サービス活動収益割合（収益性比率）

❸職員一人当たりの各種指標（生産性比率）

　現状分析の結果を成長性と収益性に着眼し、各拠点の事業がどのような位置づけかを一覧にするには図 5-6 のようなポートフォリオの手法がある(注5)。

（4）将来予測

　現状分析で把握された費用割合と事業の成長性を使用し、今後 3-5 年間の自社の将来を予測する。この際に、事業ポートフォリオがどう変化するかを把握する。さらに、PL で把握された将来予測の結果を BS 予測、CF 予測に関連付けると自社の将来がより如実に想像できる。主たる分析の項目は次の 4 つである。

❶各拠点の将来予測がどのようなポートフォリオになるのか

❷CF における支払資金残高はどう予測されるのか

❸BS における次期繰越活動増減差額はどう予測されるのか

❹このまますすんでよいのか（支払資金の観点、次期繰り越し活動の観点）

注5
PPM（プロダクトポートフォリオマネジメント）の手法の横軸を収益性にかえて加工したポートフォリオである。

図 5-6　プロダクト・ポートフォリオ・マネジメント

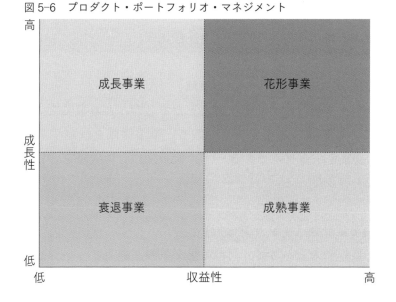

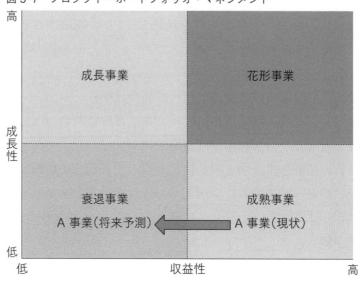

図 5-7　プロダクト・ポートフォリオ・マネジメント

　　各拠点の将来予測がどのようなポートフォリオになるのかは、図 5-7 の手法を利用するとわかりやすい。

（5）ベンチマーク

　　ベンチマーキングとは自社の課題解決のために、競合他社などの優れた経営手法（ベストプラクティス）を持つ企業を分析するプロセスを指す。具体的には、自社の PL の構造をベンチマークの PL 構造と成長性に置き換えた時にどうなるかをシミュレーションし、目指すべき姿をえがく。主たるベンチマーク項目は次の 3 つである。

❶サービス活動収益の成長性分析（成長性比率）
❷人件費、事務費、事業費の対サービス活動収益割合（収益性比率）
❸職員一人当たりの各種指標（生産性比率）

（6）事業領域の決定（アンゾフの戦略）

注 6
アンゾフのモデルにおける顧客チャンネルを地域にかえて使用。

　　ベンチマークを設定する際に必要となるのが、どの事業を、どの地域でという事業領域に関する決定である。事業領域を決定する際に、図 5-8 のような手法が有効である[注6]。拠点別にどの戦略をとるかによりベンチマークが変わる。

（7）中期事業計画（ギャップ分析）

　　現状と要件やあるべき姿、目標等との乖離、差異について分析する手法である。理想と現実の差異を課題と捉え、理想を達成する為には何が

図 5-8　アンゾフの成長マトリックス

		サービス	
		現サービス	新サービス
地域	現地域	市場浸透戦略	新サービス開発戦略
	新地域	新地域開拓戦略	多角化戦略

必要かを分析する課題抽出法である。ギャップ分析では現状の上手く行かない原因ではなく、理想とのギャップである課題に目を向ける。自社シミュレーション（なりゆき）を目指すべき姿（ベンチマーク）にするための課題は何かを検討する。最後に課題を中期経営計画の柱とする。課題の主要な検討項目は次のとおりである。

❶事業領域（サービス）と事業拠点（事業計画）

❷人員数、勤務形態（人員計画）

❸新規設備投資、修繕（設備計画）

（8）CF 予算への展開

中期 PL 予算を CF 予算へ展開することは社会福祉法人の場合は容易である。CF の支払資金は未収金、未払金を含むため、債権回転期間、債務回転期間を使用して CF 予算に加工する手順が不要だからである。CF 予算への展開はおおむね次の 3 つのプロセスとなる。

❶PL「サービス活動増減の部＋サービス活動外増減の部」を CF「事業活動による収支」に展開（減価償却費、引当金増減等を除去）

❷設備計画から CF「施設整備等による収支」を作成

❸CF「その他の活動による収支」を作成

第6章

新規事業計画の会計

第6章

新規事業計画の会計

> **学習のねらい**
>
> 新規事業の実施、既存事業の廃止、設備投資計画の採択に関する
> 意思決定のために、一定の判断の尺度とはどのようなものかを理解
> することをねらいとする。

第1節 | 経営意思決定のための会計

　経営意思決定のための会計とは、主に、意思決定という経営管理者の
職能プロセスにおいて、意思決定に有益な経済的情報を提供することを
いう。より具体的に「意思決定」とは、新規事業の実施、既存事業の廃
止、設備投資計画の採択に関する意思決定をいい、これらの意思決定に
有益な経済的情報を提供することが、経営意思決定のための会計の役割
である。

第2節 | 事業投資の意思決定

1 事業投資意思決定

　事業投資の意思決定とは、「事業投資案件を採択すべきか?」あるい
は、「A案、B案の事業投資案件がある場合、どちらを採択すべきか?」
といった経営課題としてあらわれる。事業投資の意思決定には、理念と
算盤の両方の観点からの検討がされる。検討している事業が、法人の理
念に合致し、かつ算盤が合う、ということが望ましい。経営意思決定の
ための会計は、「算盤が合うか合わないか」を検討する理論と技術を提
供するものである。

2 コスト比較との相違

　事業投資の意思決定は、将来収入の予測を考慮しているか否かという
点で、「給食業務の内製か外注か」あるいは、「購入かリースか」といっ
たコスト比較の意思決定とは異なる。事業投資であるから、その事業か

ら生まれるであろう収入を予測し、事業投資額との比較で、「算盤が合うか合わないか」を検討する。違う言い方をすれば、投資を将来収入で回収できるかの事業採算性に関する意思決定が、事業投資の意思決定である。

3　事業採算性の尺度

なにをもって「算盤が合うか合わないか」、すなわち事業採算性があるか否かを判断するかについてはさまざまな尺度がある。「投資額を早期に回収したい」と考える経営管理者もいるだろうし、「利益率の高い事業を実施したい」と考える経営管理者もいるだろう。より早く回収する案を優れているとする考え方と利回りが高い案を優れているとする考え方を事業採算性の尺度の代表的なものとして紹介する。

（1）回収期間法

回収期間法とは、投資額を回収するまでに何年要するかにより事業案件を採択する方法であり、より早く回収する案を優れているとする考え方に基づいている。回収期間法を算式で示すと次のようになる。

回収期間法

> 回収期間＝投資額÷投資額から生じる予想増分現金流入額年平均額

分母に記載されている「増分現金流入額」とは、事業投資から生ずる現金収入と現金支出の差額である。利益とは異なる現実的な「増分現金流入額」に着目している点が回収期間法の長所である。さらに、「予想」という言葉が付されていて、将来の現金収入と現金支出は予測値であることを示している。何年で回収すれば、採択するか、について法人内部での採択基準が必要となる。この方法は、回収の早さを重視しているため、経営環境の変化が激しい、すなわち長期の投資回収はリスクが大きい経営環境下では重視されるべき尺度である。

（2）投下資本利益率法

投下資本利益率法とは、投資利回りの高低により事業案件を採択する方法であり、より高い利回り案を優れているとする考え方に基づいている。投下資本利益率法を算式で示すと次のようになる。

投下資本利益率法

$$投下資本利益率 = \frac{(増分現金流入額合計 - 投資額) \div 予想貢献年数}{投資額} \times 100$$

(3) 予想貢献年数

　分子に記載されている「予想貢献年数」とは、予測される事業期間であるが、絶対的な年数があるわけではなく、経営管理者が合理的に決定する。投資により実施する事業が永続的に続くものであれば、投資する建物の使用可能年数を予想貢献年数とすることも考えられる。逆に、投資する建物の使用可能年数より実施する事業の年数が短い場合には、実施する事業の年数を予想貢献年数とすることも考えられる。

第 3 節　時間価値を考慮した意思決定

　回収期間法、投下資本利益率法を紹介したが、これらの方法には「長期の投資期間であるにもかかわらず時間価値が考慮されていない。」というものである。1 年後の 30 と 5 年後の 30 は同じ価値ではない、ということである。利率 3% では、1 年後 30 であるためには、今 29.1 を預金すればよい、5 年後 30 であるためには今 25.9 を預金すればよいことを示している。違う見方をすれば、1 年後の 30 は、今 29.1 の価値であり、5 年後の 30 は今 25.9 の価値であることを示している。投資年数が長期にわたる場合には、時間価値を考慮した正味現在価値で投下資本利益率等を判断する発展した投資尺度の手法がある。

第 4 節　事業投資意思決定の実践

　表 6-1 のように A 事業案件、B 事業案件があった場合に、どちらの事業案件を採択すべきかといった事業案件の比較においても回収期間法、投下資本利益率法は活用ができる。

1　事業案件の概要

❶初期投資額は、A 事業案件は 1,000、B 事業案件は 150。ただし、A 事業案件には 800 の補助金が予定されている。

❷投資年数は、A 事業案件が 10 年、B 事業案件が 5 年。

❸事業収入から総費用を控除した利益を増分現金流入額とする。

表 6-1　事業案件の例示

A 事業案件											
投資年度	1 年度	2 年度	3 年度	4 年度	5 年度	6 年度	7 年度	8 年度	9 年度	10 年度	合計
事 業 収 入		100	100	100	100	100	95	95	95	95	95	975
総 費 用		70	70	70	70	70	75	75	75	75	75	725
利 益		30	30	30	30	30	20	20	20	20	20	250
初 期 投 資 額	1,000											
設 備 補 助	800											

B 事業案件											
投資年度	1 年度	2 年度	3 年度	4 年度	5 年度	6 年度	7 年度	8 年度	9 年度	10 年度	合計
事 業 収 入		90	90	90	90	90	0	0	0	0	0	450
総 費 用		70	70	70	70	70	0	0	0	0	0	350
利 益		20	20	20	20	20	0	0	0	0	0	100
初 期 投 資 額	150											
設 備 補 助	0											

第 5 節 ｜ 事業投資意思決定の尺度

1　回収期間法による事業投資意思決定

回収期間法は、投資額と予想増分現金流入額年平均額により計算することができるが、前頁事業案件につき判断要素を取りまとめたのが表6-2である。

（1）正味投資額

Ａ事業案件の場合には設備投資額に対し補助金が交付される。回収すべき投資額は初期投資額か設備補助を控除した正味投資額かということが問題となる。事業実施者が負担する経済的リスクは設備補助を控除した正味投資額であるから、回収すべき投資額は設備補助を控除した正味投資額とすべきである。

（2）予想増分現金流入額年平均額

予想増分現金流入額年平均額とは、予想増分現金流入額合計を投資年数で除して求める。実際の増分現金流入額は年度により増減するが、「平均」予想増分現金流入額をもって回収年数を計算しようとするものである。

（3）回収期間法による結論

回収期間法では、回収期間の短い案件が選好されるので、予想増分現金流入額年平均額はＡ事業案件が絶対値としては大きいにもかかわらず、回収期間が8年のＡ事業案件より、回収期間が7.5年のＢ事業案件が選好されるであろう。回収期間法は経営環境の変化が大きい場合に重視されるべき尺度である。

（4）採択の決定

Ｂ事業案件では回収期間が7.5年とされるが、Ｂ事業案件の利益計画

表6-2　回収期間法の判断要素

	初期投資額	設備補助	正味投資額	予想増分現金流入額	投資年数	予想増分現金流入額年平均額	回収期間
Ａ 事 業 案 件	1,000	800	200	250	10	25	8.0
Ｂ 事 業 案 件	150	0	150	100	5	20	7.5

では 5 年しか計画されていない。7.5 年以上の事業年数が実施可能かを最終的に検討する必要がある。

2　投下資本利益率法による事業投資意思決定

投下資本利益率法は、投資額と「超過」増分現金流入額により計算することができるが、前々頁事業案件につき判断要素を取りまとめたのが表 6-3 である。

(1)「超過」増分現金流入額

分子に記載される（増分現金流入額合計−投資額）は、投資額を超過する増分現金流入額があるか否かを示している。B 事業案件では、5 年間の予想増分現金流入額合計が 100 であるのに対し、正味投資額は 150 であるから「超過」増分現金流入額はマイナスとなる。回収期間法では、B 事業案件が早期に回収できると判断されるが、投資年数が 5 年では正味投資額を回収することができないということが判断要素から欠落している点が短所である。

(2) 1 年あたりの「超過」増分現金流入額

分子は「超過」増分現金流入額をさらに予想貢献年数（投資年数）で除することにより、1 年あたりの「超過」増分現金流入額を示している。1 年あたりの「超過」増分現金流入額を正味投資額で除することにより、投下資本利益率が求められる。B 事業案件は、先に述べたように「超過」増分現金流入額がマイナスであるため、投下資本利益率はマイナスとなる。A 事業案件は、投下資本利益率が 2.5% と求められ、投下資本利益率法では、A 事業案件が選好される。

表 6-3　投下資本利益率法の判断要素

	初期投資額	設備補助	正味投資額	予想増分現金流入額	予想増分現金流入額−正味投資額	投資年数	投下資本利益率
A 事 業 案 件	1,000	800	200	250	50	10	2.5%
B 事 業 案 件	150	0	150	100	−50	5	−6.7%

3　両尺度の比較

　回収期間法によればＢ事業案件、投下資本利益率法によればＡ事業案件が選好されるという結果になったうえで、どちらの尺度を重視するかが経営管理者に求められる事業投資の意思決定である。どちらの尺度を重視するかにあたっては、意思決定時に想定する経営環境を判断の材料とすべきであろう。

第7章

バランスト・スコアカード

第７章

バランスト・スコアカード

学習のねらい

　経営戦略の実践を管理する手法として、財務上の目標を活動値まで要因を分解し、業績評価の指標とするマネジメント・システムとしてバランスト・スコアカードという手法を学ぶことをねらいとする。

第1節　バランスト・スコアカード

1　バランスト・スコアカード

注1
「バランス・スコアカード」ともいう

　バランスト・スコアカード^{（注1）}はハーバード・ビジネス・スクールの会計学担当教授 Robert S. Kaplan と David P. Norton が 1990 年代に開発した戦略的なマネジメント・システムである。

　バランスト・スコアカードとは、直訳すると、「バランスの取れた (balanced) 得点表（scorecard)」であるが、財務的な尺度が重視されていた業績評価に非財務的な尺度を取り入れたという意味で「バランスの取れた」という形容詞がついている。スコアカードは「得点表」という意味であり、もともとは「業績評価尺度」として導入されたが、理論の発展により戦略的なマネジメント・システムへと進化した。

　バランスト・スコアカードの目的については第4章第1節6「経営戦略実行のための会計」で記載したが、戦略を実行し評価するための手法である。具体的には、経営戦略目標を達成するために、職員は何を達成しなければならないかをパフォーマンス・ドライバーという形で示し、職員の評価もパフォーマンス・ドライバーを達成したか否かで行う。

2　4つの視点

　バランスト・スコアカードの成り立ちが業績評価尺度として研究されたものであるので、「財務の視点」はバランスト・スコアカードの欠くべからざる要素であるが、「財務の視点」以外に「顧客の視点」「業務プロセスの視点」及び「学習と成長の視点」から業績を評価する手法である。

（1）財務の視点（財務指標に関することがら）

　「財務の視点」はバランスト・スコアカードの欠くべからざる要素である。典型的な財務指標としては、総資本経常利益率、サービス活動収益経常利益率、一人当たり経常増減差額、一人当たりサービス活動収益及び一人当たり付加価値額などがある。

（2）顧客の視点（顧客満足の指標など）

　財務指標を向上させるために、どの市場の、どのセグメントの顧客に、何を提供しなければならないかの視点である。

（3）業務プロセスの視点（サービス提供プロセス、組織運営の視点）

　顧客の満足を向上させるために、どのようなサービス提供プロセスに卓越しなければならないかの視点である。

（4）学習と成長の視点（人材、意識の視点）

　サービス提供プロセスに卓越するために、従事者はどのような学習をし、改善しなければならないかの視点である。

　これらの4つの視点は、図7-1のように、「学習と成長の視点」の向上から積み上げて「財務の視点」の向上が達成されると考えることもできるし、図7-2のように4つの視点がそれぞれ相関すると考えることもできる。

　バランスト・スコアカードはこれら4つの視点毎に、戦略目標、成功要因及びパフォーマンス・ドライバーを設定する。

図 7-1　4つの視点の作用図

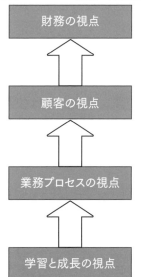

図 7-2　4 つの視点の作用図

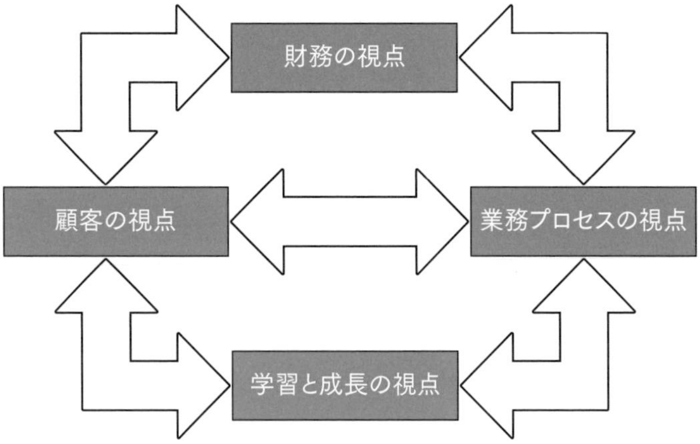

3　戦略目標

　4 つの視点毎のテーマが戦略目標である。たとえば、①財務の視点としては「付加価値の向上」、②顧客の視点としては「顧客満足度の向上」、③業務プロセスの視点としては「事業領域とマッチングした設備/従事者の運営意識醸成」、④学習と成長の視点としては「職員満足度の向上」といったテーマを決める。

4　成功要因

　戦略目標を達成するための指標を定める。指標であるから、数値化することができる目標を定める。財務の視点としては「付加価値の向上」が戦略テーマであるから、この戦略目標を達成するためにどの指標が鍵であるかを要因分析し、目標とする指標を定める。社会福祉法人において付加価値は「経常増減差額＋人件費」と簡略化できるので、付加価値を向上させるためには、「サービス提供数向上」と「事務費と事業費の原価低減」を目標とする指標、すなわち成功要因とすることが考えられる。

5　パフォーマンス・ドライバー

　成功要因の成果を導く要因をパフォーマンス・ドライバーという。財務の視点では、「サービス提供数向上」と「事務費と事業費の原価低減」を目標とする指標、すなわち成功要因として定めた。「サービス提供数向上」を効率的に達成するには「一人当たりサービス提供数」が成果を導く要因として考えられる。「事務費と事業費の原価低減」には「原価

低減会議の実施」が成果を導く要因として考えられる。パフォーマンス・ドライバーは具体的な目標値である必要がある。「一人当たりサービス提供数」は「何人」を目指すのか、「原価低減会議の実施」は「何回」を目指すのかそれぞれの活動値を定める。

6　バランスト・スコアカードの優れた点

「付加価値の向上」という財務目標を、「一人当たりサービス提供数○○人」、「原価低減会議の実施○○回」といったように、職員にわかりやすい活動値として示すのがバランスト・スコアカードであり、法人と職員にとっての目標の明確さと業績評価のわかりやすさがバランスト・スコアカードの優れた点である、といえる。

第2節 ｜ 戦略マップ

1　バランスト・スコアカードの図示化

　マネジメント・システムの４つの視点毎に戦略目標、成功要因及びパフォーマンス・ドライバーをまとめたバランスト・スコアカードの例が表7–1である。第1節で、財務の視点における戦略目標、成功要因及びパフォーマンス・ドライバーまでの関係を説明した。顧客の視点、業務プロセス及び学習と成長という視点についてそれぞれの成功要因とパフォーマンス・ドライバーの設定例を紹介する。

（1）顧客の視点

　顧客の視点では、「顧客満足度の向上」が戦略目標として掲げられたが、この戦略目標を達成するための成功要因としては職員の技術力を高める「技術ノウハウの継承」が考えられる。また、既存のサービスでは満足していない顧客セグメントに焦点を絞った「事業拠点数の拡大」が成功要因の一つとして考えられる。それぞれの成功要因ごとに活動値をパフォーマンス・ドライバーとして設定する。

（2）業務プロセスの視点

　業務プロセスの視点では、「事業領域とマッチングした設備」及び「従事者の運営意識の醸成」が戦略目標として掲げられたが、この戦略目標を達成するための成功要因としては職員の効率的な作業が可能となる「介護補助機械の導入」が考えられる。また、職員の法人運営へ参加する場として「改善提案制度の活性化」が成功要因の一つとして考えられる。それぞれの成功要因ごとに活動値をパフォーマンス・ドライバー

表7–1　バランスト・スコアカード

視点	戦略目標	成功要因	パフォーマンス・ドライバー
財務	付加価値の向上	サービス提供数向上	一人当たりサービス提供数〇〇人
		事務費と事業費の原価低減	原価低減会議〇〇回
顧客	顧客満足度の向上	技術ノウハウの継承	技術ノウハウの継承者〇〇人
		事業拠点数の拡大	新規事業拠点〇立ち上げ
業務プロセス	事業領域とマッチングした設備	介護補助機械の導入	介護補助機械〇〇導入
	従事者の運営意識の醸成	改善提案制度の活性化	改善提案会議〇〇回
学習と成長	職員満足度の向上	定着率の向上	平均在職年数〇年
		成果配分賞与の実施	成果配分賞与〇〇円

として設定する。

（3）学習と成長の視点

　学習と成長の視点では、「職員満足度の向上」が戦略目標として掲げられたが、この戦略目標を達成するための成功要因としては「定着率の向上」が考えられる。また、業績が目標を達成した場合に職員に還元する「成果配分賞与の実施」が成功要因の一つとして考えられる。それぞれの成功要因ごとに活動値をパフォーマンス・ドライバーとして設定する。

（4）パフォーマンス・ドライバーと業績評価

　パフォーマンス・ドライバーは活動値目標である。職員の業績評価あるいは経営陣の経営評価を、パフォーマンス・ドライバーの活動値が達成されたか否かで行うことにより、経営目標と業績評価を一体化することができる。

2　戦略マップ

　バランスト・スコアカードの職員への示し方は、表7-1のような表でもよいが、「付加価値の増加」という財務の視点における戦略目標と、各視点で示されたパフォーマンス・ドライバーの関係をわかりやすく示す方法として戦略マップがある（図7-3）。戦略マップは、パフォーマンス・ドライバーと成功要因、成功要因と戦略目標の相関が示され、パフォーマンス・ドライバーの活動値を達成することにより戦略目標が達成されるということが可視化されている。

（1）パフォーマンス・ドライバーと成功要因の相関

　パフォーマンス・ドライバーと成功要因の例を説明すると、「新規事業拠点○」の立ち上げが、事業拠点数の増加を通じ「売上」の増加につながる。

　「介護補助機械○○導入」、「技術ノウハウの継承者○○人」、「改善提案会議○○回」は、いずれも職員の技術力向上を経て、「一人当たりサービス提供数の増加」を達成し、「売上」の増加につながる。

　「平均在職年数○年」と「成果配分賞与○○円」という「職員満足度の向上」のパフォーマンス・ドライバーは、職員数の安定的な確保による事業拡大の潜在能力を確保し、付加価値の一部である「人件費の増加」を達成することができる。

　「原価低減会議○○回」という財務の視点におけるパフォーマンス・ドライバーは「事務費と事業費の原価低減」を通じ付加価値の一部であ

図 7-3　戦略マップとバランスト・スコアカードの相関図

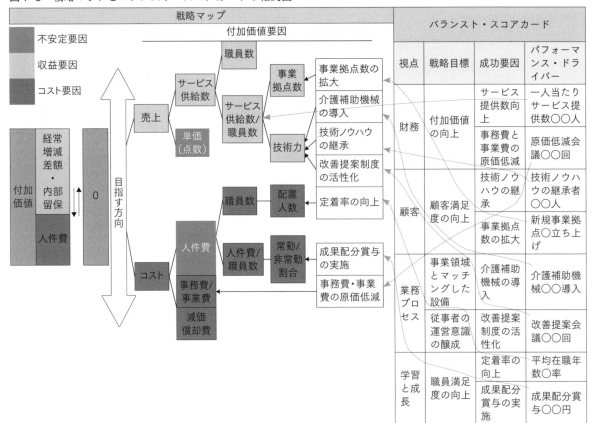

る「経常増減差額の増加」を達成することができる。

（2）成功要因と戦略目標の相関

　財務の視点における「付加価値の向上」は、「経常増減差額の増加」と「人件費の増加」に分解される。「経常増減差額の増加」は「売上の増加」と「事務費/事業費の低減」に分解される[注1]。このように、戦略目標を次々と因数分解することが成功要因を現業部門の活動のより近いところにパフォーマンス・ドライバーを設定できるか否かの鍵となる。

注1
経常増減差額の増加のためには、人件費の減少も一つの要因となるが、付加価値の増大には人件費の増加もふくまれるので、ここでは「事務費/事業費の低減」とした。

費用削減の手法

費用削減の手法

第 1 節 費用削減の手法

学習のねらい

　費用を管理する手法として、源流管理、市場主導型原価管理、バリュー・エンジニアリングといった手続きを踏む原価企画という手法を理解する。

1　原価企画

(1) 原価企画の定義

　原価企画とは、サービス又は製品の企画・計画段階を中心に、組織の関係部署の総意を結集して原価低減と利益管理を図る戦略的コスト・マネジメントである。原価企画は、企画・計画段階を中心に行うという点で、サービス提供段階での原価を管理する標準原価とは異なる。原価企画は、原価低減と利益管理を図るという点で、原価削減のみを対象にするリストラクチャリングとは異なる。

(2) 原価企画の諸要素

　原価企画は、次のような要素から構成されている、とされる^(注1)。

注1
これらの要素のほかに、職能横断的チーム活動、ライフサイクル・コスティングが原価企画の要素とされる（岡本　清他著『管理会計』第 2 版　227 頁参照）。

❶源流管理

❷市場主導型原価管理

❸バリュー・エンジニアリング

　原価企画は、これらの一連の活動により、原価低減と利益管理を図る戦略的コスト・マネジメントといえる。

2　源流管理

　源流管理とは、サービス提供以前の活動である。原価管理あるいは費用管理は、実際に費用が発生するサービス提供段階での管理が重視されている。源流管理とは、サービス提供以前の企画・計画段階でコスト決定要因を管理することをいう。

┌─ 源流管理の具体例 ─────────────────────
│
│　　介護サービス費には、減価償却費というものがある。減価償却費
│　は、サービス提供時点で減価償却という手法で費用化されるのであ
│　るが、建物を新築するか、中古建物をリニューアルするか、または
│　賃借建物にするかといった事業の企画・計画段階で減価償却費の総
│　枠は決まっているのであり、サービス提供時点での費用の抑制は限
│　界がある。
│
│　　給食提供にかかる人件費は、サービス提供時点で費用化されるの
│　であるが、厨房業務を内製するのか外部委託するのかといった事業
│　の企画・計画段階で給食提供にかかる人件費の総枠は決まっている。
│
│　　このように、コストの決定とコストの発生を区別し、コストの決
│　定段階である事業の企画・計画で原価管理あるいは費用管理を行う
│　というのが源流管理であり、企画原価の要素である。
└────────────────────────────────

3　市場主導型原価管理

(1) 市場主導型原価管理の定義

　市場主導型原価管理とは、原価が価格を主導すると考えるのではな
く、価格が原価を主導するという考え方であり、原価企画の主要な要素
である。市場価格による売上から、所要利益を控除して、許容原価が決
まる、と考えるのである。社会福祉事業は概ね、サービス提供価格が決
定されているため、原価の積み上げでサービス提供価格を決める伝統的
な価格決定ではなく、典型的な市場主導型原価管理といえる。

　原価企画では、許容原価、成行原価、目標原価という使い分けがされる。

(2) 許容原価

　許容原価は、市場価格による売上から、所要利益を控除して求められ
る。原価企画は、発生原価をこの許容原価に抑えることにより、所要利
益を達成する管理手法である。原価企画が、原価低減と利益管理を図る
戦略的コスト・マネジメントといわれるゆえんである。

(3) 成行原価

　成行原価は、現状をベースにした基準的な原価であり、改善目標を含
まない見積もり原価である。予算作成時に現業部門から報告される人件
費、事業費が成行原価の例である。許容原価は、所要利益を達成するた
めにトップから示された原価であるのに対し、成行原価は、現状から推
定される現業部門の見積もり原価である。

（4）目標原価

　目標原価は、成行原価に改善を加え、所要利益から導かれた許容原価とすりあわせた達成可能な目標として設定された原価である。成行原価に、改善を加え、原価を低減するためにはバリュー・エンジニアリングという手法が用いられる。

4　バリュー・エンジニアリング

（1）バリュー・エンジニアリングの定義

　バリュー・エンジニアリングとは、最低のコストで必要な機能を達成するために、サービス機能の研究を行う方法である。バリュー・エンジニアリングでは、サービスはさまざまな機能の集合であるという前提に立ち、その機能の評価を機能実現に要する費用でわって、価値をわりだす。すなわち、

価値＝機能の評価　÷　機能の費用

と、示される。バリュー・エンジニアリングは機能の評価の向上と機能の費用の組み合わせで、価値を向上させていく。価値を向上させるためには、次の組み合わせが考えられる。

┌─ バリュー・エンジニアリングの組み合わせ例 ─
　介護サービスを例にすると、食事介助、入浴介助、機能訓練、送迎という機能に分解し、それぞれの機能の評価、すなわちサービス価格をもとめ、それぞれの機能の費用で割ることにより食事介助、入浴介助、機能訓練、送迎の価値が求められる。上記で求められた組み合わせにより、各機能の価値の向上のための研究を行うのが、バリュー・エンジニアリングである。
└──────────────────────────

（2）バリュー・エンジニアリングの進め方

　バリュー・エンジニアリングの基本姿勢として、常に次のような視点を持つことが重要である。
　その機能の本質は何か？
　機能の評価はいくらか？
　機能の費用はいくらか？
　代替できるものはないか？
　バリュー・エンジニアリングを実施する各局面では、検討する内容が異なる。企画・計画段階では、次の検討がなされる。

何を提供するか？（What）

どのように提供するか？（How）

どこで？（Where）

誰が？（Who）

いつ？（When）

また、サービス提供段階では、次の改善の検討がなされる。

サービス提供方法

作業手順など

第 2 節 ｜ 福祉サービス提供の原価把握

1　ABC（活動基準原価計算）の意義

　活動基準原価計算（Activity–Based Costing、以下、ABC とする）とは、間接費を活動に集計し、活動ごとの配賦基準に従いサービス（又は製品）に配賦する手法である。

　計算書類作成目的の伝統的な間接費の事業別配賦では、一定の配賦基準、例えば建物減価償却費であれば床面積割合により事業部に配賦される。この配賦計算は、計算書類作成目的の制度会計では許容される。

　ABC は、サービス提供のための費用を把握することが目的であり、管理会計における考え方である。ABC では、建物減価償却費についても、サービス提供のための活動に集計され、活動ごとの配賦基準に従いサービス（又は製品）に配賦する。ABC の主目的はサービス提供費用の合理的な算定を通じて原価低減及び予算管理に活用することである。ABC では、サービス（製品）が活動を消費し、活動が資源を消費する、という基本理念のもとに原価が計算される[注2]。

注 2
櫻井通晴『管理会計　第4 版』373 頁参照。

2　原価作用因

　ABC で採用される活動ごとの配賦基準は、原価作用因（Cost driver）により決まる。原価作用因とは、当該間接費を発生させた要因をいう。

　制度会計では、建物減価償却費を床面積割合により事業部に配賦することが許容される。床面積割合は活動ではないので ABC では採用されない。

　ABC では、建物減価償却費が生じる活動、例えば介護サービス提供活動毎に集計され、介護サービス活動毎の原価作用因に従い介護サービス毎に間接費が配賦される。例えば食事介助という活動では、費用の発生要因、すなわち原価作用因は食事提供数と考えられる。

3　ABC の計算例

　特別養護老人ホームとデイサービスを運営する社会福祉法人における介護報酬の集計・請求管理を行う担当者の人件費をどのように特別養護老人ホームとデイサービスに配賦するかという例を考えてみる。

表 8-1　定員数による間接費の計算（伝統的な配賦計算）

	A	B	C	D	E=A/B×C	F=A/B×D
		法人合計	特別養護老人ホーム	デイサービス	特別養護老人ホーム	デイサービス
	間接費		配賦基準		配賦額	
間接費	￥100,000	120	100	20	￥83,333	￥16,667
定　員					100人	20人
利用者一人当たり間接費					￥833	￥833

（1）伝統的な配賦計算

　事業別の配賦では、介護報酬の集計・請求管理を行うことによる人件費は、請求件数の比、すなわち定員数の比というのが事業別計算書類作成時の配賦基準としては合理的とされる。

　この場合、特別養護老人ホームの定員 100 とデイサービスの定員 20 とすれば、介護報酬の集計・請求管理を行う担当者の人件費 ￥100,000 は、特別養護老人ホームに ￥83,333、デイサービスに ￥16,667 配賦される。

　事業別計算書類作成時の配賦基準としては許容されるが、利用者一人当たり間接費を比較すると、特別養護老人ホームに ￥833 とデイサービスに ￥833 と同額になり、利用者一人当たり間接費の管理を行う上では全く役に立たないことがわかる（表 8-1）。

（2）ABC による間接費の計算

　ABC は、原価作用因により間接費を配賦する。介護報酬の集計・請求管理は、介護報酬の請求対象となる活動、すなわち、食事介助、入浴介助、機能訓練、送迎、夜勤により発生する。食事介助、入浴介助、機能訓練、送迎、夜勤の原価作用因をさらに探り、その原価作用因の比率により各事業に間接費を配賦する。

　活動と原価作用因の関係は、例えば食事介助という活動に対しては、食事提供数が原価発生要因、すなわち原価作用因である。ABC によると、介護報酬の集計・請求管理を行う担当者の人件費 ￥100,000 は、特別養護老人ホームに ￥74,154 とデイサービスに ￥25,845 配賦される。利用者一人当たり間接費を比較すると、特別養護老人ホームに ￥742、デイサービスに ￥1,292 となる（表 8-2）。

　ABC による間接費計算によると、小規模のデイサービス利用者一人あたりの間接費が大規模の特別養護老人ホーム利用者一人あたりの間接費よりも大きい、すなわち一人当たり利用者の介護報酬請求にかかる費用は大規模の特別養護老人ホームより小規模のデイサービスのほうが大

表 8-2　ABC による間接費の計算

		A	B	C	D	E=A/B×C	F=A/B×D
			法人合計	特別養護老人ホーム	デイサービス	特別養護老人ホーム	デイサービス
定　員			120	100	20		
活動の種類	原価作用因	間接費	配賦基準			配賦額	
食事介助	食事提供数	￥28,000	320	300	20	￥26,250	￥1,750
入浴介助	入浴介助数	￥40,000	70	50	20	￥28,571	￥11,429
機能訓練	機能訓練数	￥10,000	30	10	20	￥3,333	￥6,667
送　迎	送迎人数	￥6,000	20	0	20	￥0	￥6,000
夜　動	入所者数	￥16,000	100	100	0	￥16,000	￥0
合　計		￥100,000	540	460	80	￥74,154	￥25,846
定　員						100 人	20 人
利用者一人当たり間接費						￥742	￥1,292

きいということがわかる。このように、原価作用因に跡付けて間接費を配賦することにより管理に足る事業別の採算性、利用者一人当たりのコストが把握できるのである。

4　ABM による管理活動

ABC により間接費計算を行うことにより、利用者一人当たりのサービスコストがより合理的に把握できる。それゆえ、ABC は顧客中心主義の立場にたつ原価計算システムといわれる[注3]。ABC は、できるだけ低コストで高品質のサービスを提供するというサービス提供者のコスト・マネジメントに役立つ。

ABC を利用したコスト・マネジメント活動を活動基準管理（Activity-Based Management、以下、ABM とする）という。ABM は、サービスを顧客の視点から見直し、無駄な非付加価値活動を排除し、付加価値活動のみを効率的に実施するよう業務活動の見直しを行い、継続的原価改善を実現する管理活動である[注4]。

注3
岡本清　他著『管理会計』第 2 版、中央経済社　231頁参照。

注4
岡本清　他著『管理会計』第 2 版、中央経済社　231頁参照。

会計業務の効率化と
電子化への対応

第9章
会計業務の効率化と電子化への対応

学習のねらい

　会計業務の効率化による生産性の向上のノウハウ及び会計業務の電子化の進め方、整理方法を学ぶことをねらいとする。

第1節　会計業務の効率化と生産性の向上

1　会計業務の効率化と生産性向上の背景

（1）会計業務の広範化・高度化

　社会福祉法人の会計業務は、時代とともに広範化かつ高度化している。広範化の例としては、第1章第7節「社会福祉充実残額及び社会福祉充実計画」に記載した手続きが新たに求められている。また、高度化の例としては、第1章第2節「財務に関する通知の体系」に記載したように、社会福祉法人会計処理に関する基準等は改正または新しい規定の発出が常態化している。このように、広範化かつ高度化に対応するためには、既存業務の効率化や生産性の改善が必要である。

（2）働き方改革、ホワイトカラーの生産性向上

　働き方改革では、労働時間法制が見直され、生産性を向上しながら長時間労働を改善することが求められている。

（3）正規職員は付加価値業務へ集中

　採用難、人手不足が常態化している環境下では、正規職員は付加価値業務へ集中し、非付加価値業務は外部委託、あるいは非正規職員へと業務の最適配置をおこなわなければいけない。

2　会計業務の効率化と生産性向上のノウハウ

（1）会計業務の現状まとめ、会計組織の見直し

　会計業務の効率化は会計業務の現状の把握から始める。会計業務の現状把握のツールとして「現状　会計組織マンパワー把握」を紹介する。

表 9-1　現状　会計組織マンパワー把握　　　　　　　　　　（単位：時間）

拠点	1	2	3	4	合計
サービス区分					
1　現預金管理					
2　出納事務に関すること					
3　収益管理					
4　会計処理システムに関すること					
5　月次決算に関すること					
6　監査に関すること					
7　資金計画の作成、資金の管理、調達及び運用に関すること					
8　年次決算に関すること					
9　決算資料作成					
10　年次決算準備					
11　固定資産計上					
12　予算比較					
人員合計					

手順としては、会計業務・出納業務を洗い出し、どの拠点でいくらの時間を要しているか把握し表にまとめる。実態時間と現有人材の法定労働時間を比較し、超過した実態時間が要改善時間として把握される。

（2）会計　VS　出納

帳簿を作成する記帳業務と入出金に係る出納業務は、会計業務あるいは経理業務とひとくくりされている場合が多い。表 9-1「現状　会計組織マンパワー把握」の 1、2、7 行めの業務は出納業務であるし、他は記帳業務である。出納業務と経理業務では自と効率化の着眼点が異なるので、分けて実態時間を把握する。

（3）現場　VS　経理部

会計伝票を現場で起票するか経理部で起票するかの視点である。すべての会計伝票の起票は経理部で行う必要はない。事業収益に関する会計伝票は請求担当者、給与に関する会計伝票は給与計算担当者、固定資産の移動に関する会計伝票は現場の固定資産使用者がそれぞれ起票すべきである。現場で会計伝票を起票することは、状況をよく知っている者による起票であること、現場と会計の起票のダブルワークがなくなるなど利点が多い。会計担当者が会計情報を現場に求め起票するより、正確かつタイムリーな起票が期待できる。また、会計担当者の起票の効率化を図ることができる。このように、現場で会計伝票を起票することにより経理業務全体の改善を図ることができる。

（4）帳簿組織の見直し

　会計処理量は、取引量と会計処理の細分化の程度により決まる。取引量は管理できないとして、会計処理の細分化は管理できる。会計処理の細分化は、階層により決まる。

❶報告単位の階層

　社会福祉法人会計基準では拠点区分、サービス区分が制度会計で求められているため、報告単位の階層は相当、細分化されている。さらに法人によっては、サービス区分の下にさらに部門を設ける場合がある。このような部門は制度上必要なく管理上の必要から設定されているものと考えられる。慣例で部門管理を設定していないかその必要性について見直しをすることにより、整理が図られる場合がある。

❷勘定科目の階層

　社会福祉法人会計基準では大区分、中区分、小区分の科目が制度会計で求められているため、勘定科目は相当、細分化されている。さらに法人によっては、小区分の科目に補助科目を設ける場合がある。このような補助科目は管理上の必要から設定されているものと考えられる。慣例で補助科目を設定していないかその必要性について見直しをすることにより、整理が図られる場合がある。

（5）アウトプット見直しによる工数削減

　社会福祉法人会計基準では制度上必要な会計書類が定められている、また制度上必要な会計書類以外にも管理上の必要性から様々な会計アウトプットがある。会計書類としてアウトプットしている帳簿については次の視点で見直しをすることにより、整理が図られる場合がある。

❶必要性　VS　惰性

　必要性については、What（何を）、Why（何の目的で）、To whom（誰に）、When（いつ）の視点での整理の仕方がよい（表9-2）。惰性、慣例で作成しており必要性の低い書類は廃止を検討する。

❷費用　VS　効果

　制度上必要な処理は廃止することはできないが、管理上必要な書類とされるものについては、費用対効果の視点で検討することをお勧めする。会計資料を作成する時間と労力を分析し、書類から得られる効果を比較することにより合理的な判断を行うのが第8章で学んだバリュー・エンジニアリングの手法である。

表 9-2　必要性について

What	Why			To whom		When	
	制度会計	管理会計	○○目的	○会議	○官庁	月毎	年毎
合計残高試算表	○					○	○
BS	○			○		○	○
PL	○		○	○		○	○
CF	○			○		○	○
予算実績報告	○	課毎	○			○	○
予算書	○	○	○	○			○
未収金管理表							
概算計上報告							
仮勘定・経過勘定明細							
未払金チェック表							
内部取引明細							
固定資産台帳							

表 9-3　本部集中化による工数削減のメリットとデメリット

メリット	デメリット
学習の機会による専門チームの育成	現行業務を行いつつ新しいチーム編成を行うことの負担増
会計単位、場所で人材を張り付けない（有効活用）	
購買業務の一元化による出納、固定資産業務の削減	

表 9-4　標準化による工数削減のメリットとデメリット

メリット	デメリット
経理業務の簡素化	マニュアルの工数、教育時間

（6）本部集中化による工数削減

　セントラル化の手法である。複数拠点を運営している法人では、各拠点で会計業務を行うより、一つの部署が複数拠点の会計業務をまとめて行うほうが、一般的には業務の効率化が可能である。理由としては、経験値の発揮による普遍化、拠点で人材を貼り付けない有効活用である。特に、会計業務は年単位、月単位で繁忙期がことなるため、拠点毎に人材を張りつけると非繁忙期の蓄積が多くなる。メリットとデメリットをまとめると表9-3である。

（7）標準化による工数削減

　標準化、マニュアル化の手法である。会計業務を行う際に、会計処理を行うための基礎資料の作成などは、個人の裁量にまかせず、法人で標準化する方向で整理すると人事異動時の業務の明瞭さ、共通テンプレートの利用により効率化が図られる。メリットとデメリットをまとめると表9-4となる。

3　ICT の活用よる工数削減

（1）クラウド・コンピューティングの利用

　クラウド・コンピューティングとは、ネットワークを通じて、情報処理サービスを必要に応じて提供・利用する形の情報処理の仕組み、と定義される。従来、会計ソフトはパッケージ運用が主であったが、クラウド運用の社会福祉法人会計向けのソフトも整備されている。

　クラウド運用の場合、時間、場所、デバイスの制約を受けないというのが最大の特徴で会計業務従事者にとっては大きな利点であり、生産性向上の最大の源泉である。パッケージ運用とクラウド運用をまとめたのが、表9-5 である。

（2）フィンテックを利用した銀行信販データの取り込み

　フィンテック（FinTech）とは、金融（Finance）とテクノロジー（Technology）を組み合わせた造語で、金融とテクノロジーの融合による新しいサービスの提供、と定義される。FinTech の一つに銀行信販データの会計ソフトへの取り込みという機能がある。これは、通帳記入されている内容（入手金日、相手先、金額）を会計ソフトにダウンロードする機能であり、このような機能はクラウド運用の会計ソフトには標準仕様されている場合が多い。銀行信販データの会計ソフトへの取り込みを行うと入力業務がだいぶ省力化できる。

（3）RPA の利用

　RPA（Robotic Process Automation）とは、人間のデスクワークの手作業を、ソフトウエアに記録し、かつ代行させる手法、と定義される。具体的には、パソコンで行っている「データ入力・加工」「定型レポートの作成」などを自動化することである。RPA の特徴として、IT スキルが不要、パソコンで使用しているソフトウエアの種類を選ばない、という

表9-5　パッケージ運用とクラウド運用

比較の視点	パッケージ運用	クラウド運用
ユーザーメンテナンス	必要	不要
コスト	購入/リース	月額利用料
時間、場所、デバイスの制約	あり	なし
複数の者のリアルタイム作業	制約あり	可能
改正事項の反映スピード	タイムラグあり	瞬時に反映

点があげられる。

第 2 節 | 電子化への対応

1　電子化の進め方

(1) 保存方法としての電子化

　会計の電子化という場合には、保存方法の電子化の議論が多い。多く
の事業所では、一部は紙、一部は電子データでの保存という、いわば電
子化の過渡期の事業所が多いのが現状と推測される。この、一部は紙、
一部は電子データというのが内部統制上も会計業務の効率化上も望まし
くない。電子化への大きな波は疑いようがなく、またリモートワークへ
の対応などを考えると、完全な保存方法の電子化が望まれる。

　保存方法の電子化を進めるにあたっては、帳簿等の電子化と証憑の電
子化（図 9-1）のように、帳簿等の電子化と証憑の電子化を分けて整理
する必要がある。図 9-1 の保存方法の列で記載された❶から❻のケース
のうち、❷、❹、❻が電子化にあたる。

❶帳簿等の紙保存

　会計帳簿、計算書類及び附属明細書は電子データで作成されること
が多いが、これらを紙で保存している場合である。

❷帳簿等の電子データ保存

　電子データで作成される会計帳簿、計算書類及び附属明細書を電子
データで保存する場合である。会計帳簿は電磁的記録による保存も認
められている[注1]。この方法をとる場合には、経理規程に電磁的記録
により保存する旨を定める。

❸取引証憑の紙保存

　契約書、請求書及び領収書等の会計取引を証する書類を取引証憑と
いう。紙で作成された取引証憑を紙のまま保存する場合である。

❹取引証憑の電子データ保存

　紙で作成された取引証憑を電子データにかえて保存する場合であ
る。スキャナ保存といわれる。

❺電子データ取引の証憑を紙保存

　電子メール等でやり取りされる取引証憑など原本の電子データを紙
で保存する場合である。

注1
法人税等に関する規定とし
て令和 4（2022）年 1 月 1
日から施行された電子帳簿
保 存 法 が あ る（令 和 5
〈2023〉年 12 月 31 日まで
に行う電子取引は、猶予さ
れていた）。法人税を申告
している社会福祉法人の場
合には、法人税の対象とな
る会計のみ電子帳簿保存法
に従う必要があるが、法人
税を申告していない社会福
祉法人の場合には電子帳簿
保存法に従う必要はない。

図 9-1　帳簿等の電子化と証憑の電子化

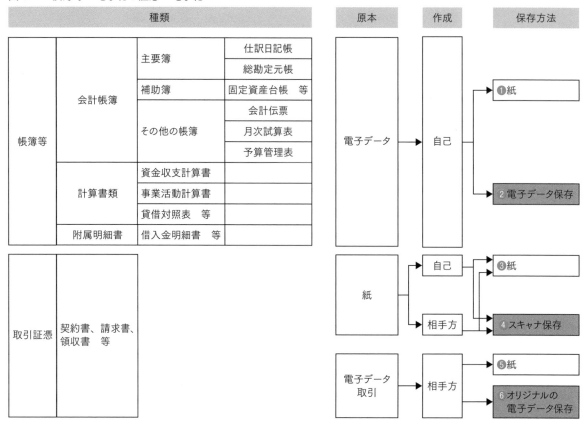

❻電子データ取引の証憑を電子データ保存

　　電子データ取引の証憑を電子データのまま保存する場合である。

（2）電子化の統一

　❶と❷が混在している場合、❸と❹が混在している場合、❺と❻が混在している場合には一部は紙、一部は電子データとなり、記録の検索が困難となる。また承認プロセスに統一性を欠くことになる。❶か❷に統一、❸か❹に統一、❺か❻に統一が望ましい。

（3）承認プロセスの電子化

　会計帳簿、取引証憑の電子化を進めると捺印による承認証跡が困難となる場合がある。捺印による承認にかえて、電子稟議システムの導入により、承認、記録化、情報共有という内部統制の機能を維持する方法がある。

索　引

著者紹介

渡部 博（わたなべ　ひろし）
公認会計士 渡部博 事務所　所長
　MBA
　公認会計士（平成7年）
　ワシントン州公認会計士（平成15年）
　税理士（平成15年）

●**略歴**
　平成3年　　青山監査法人入所
　平成7年　　辻会計事務所入所
　平成15年　公認会計士　渡部博事務所　開業、現在に至る

●**主な著書**
『社会福祉法人制度改革対応版　社会福祉法人会計基準の実務　会計処理』
（共著）全国社会福祉協議会、平成30年
『どうかわる？社会福祉法人のためのインボイス対応Q&A』
（共著）全国社会福祉協議会、令和5年

●**セミナー履歴**
「社会福祉法人会計実務講座」　中央福祉学院

── 社会福祉法人・福祉施設経営における財務管理論2024-2025 ──

2020年3月　初版第1刷発行
2022年3月　改訂1版第1刷発行
2024年2月　改訂2版第1刷発行

著　者　渡部　博
発行者　笹尾　勝
発行所　社会福祉法人　全国社会福祉協議会
　　　　〒100-8980　東京都千代田区霞が関
　　　　　　　　　　3-3-2 新霞が関ビル
　　　　TEL：03-3581-9511
　　　　郵便振替：00160-5-38440
定　価　2,090円（本体1,900円＋税10%）
印刷所　三報社印刷株式会社

禁複製
ISBN978-4-7935-1441-8 C2036 ￥1900E